JN376022

제대로 보는
子平眞詮

下卷

자평진전 下券

圓濟 任正桓 譯

圓濟易學研究院

격려사(激勵辭)

지극히 난해한 한자(漢字)만으로된 명학고서(命學古書)를 쉽고, 바르고, 문맥내용(文脈內容)의 흐름에 알맞도록 상세하게 번역(飜譯)이 잘되었습니다.

이번에 출판되는 원제(圓濟)의 제대로 보는 **자평진전(子平眞詮)**, 제대로 보는 **궁통보감(窮通寶鑑)**, 제대로 보는 **명리약언(命理約言)**은 특히 한자의 벽(壁)에 부딪혀 고심하는 명학자(命學者)에게는 너할 수 없이 좋은 선물(膳物)이 될 것이며, 나아가 역학(易學)의 발전(發展)에 크게 기여할 것으로 생각합니다.

韓國易學敎育學院 院長
韓國易學人總會　總裁

碧泉　金錫煥

목차(目次)

상권(上卷)

간지론(干支論)

제1장 십간(十干)과 십이지(十二支)를 논함..........................21
　　　 적천수(滴天髓)의 천간론(天干論)을 부론(附論)함.......34
제2장 음양(陰陽)의 생극(生剋)을 논함.................................52
　　　 사시(四時)의 오행의기(五行宜忌)를 부론(附論)함.......59
　　　 생극제화(生剋制化)의 의기(宜忌)를 부론(附論)함.......68
제3장 음양(陰陽)의 생사(生死)를 논함.................................71
제4장 십간배합(十干配合)의 성정(性情)을 논함....................89
제5장 십간의 합이불합(合而不合)을 논함............................104
제6장 득시불왕(得時不旺)과 실시불약(失時不弱)을 논함.....133
제7장 형충회합(刑沖會合)의 해법(解法)을 논함...................143

- 3 -

용신론(用神論)과 행운론(行運論)

제 8장 용신(用神)을 논함..167
제 9장 용신의 성패구응(成敗救應)을 논함......................197
제10장 용신의 변화(變化)를 논함....................................232
제11장 용신의 순잡(純雜)을 논함....................................249
제12장 용신(用神)과 격국(格局)의 고저(高低)를 논함....256
제13장 인성득패(因成得敗)와 인패득성(因敗得成)을 논함........277
제14장 기후(氣候)를 배합(配合)하고 그 득실(得失)을 논함......284
제15장 상신(相神)의 중요성을 논함..................................300
제16장 잡기(雜氣)를 어떻게 취용(取用)할 것인가를 논함....310
제17장 묘고(墓庫)의 형충(刑沖)에 관한 학설을 논함..........325
제18장 네 길신(吉神)도 파격(破格)할 수 있음을 논함........334
제19장 네 흉신(凶神)도 성격(成格)할 수 있음을 논함........338
제20장 생극(生剋)의 선후(先後)에 따라 길흉이 달라짐을 논함......341
제21장 성신(星辰)은 격국(格局)과 무관함을 논함...............361
제22장 외격(外格)의 취사(取捨)를 논함...........................378
제23장 궁분(宮分)과 용신(用神)의 육친배합(六親配合)을 논함...388
제24장 처자(妻子)를 논함..392
제25장 행운(行運)을 논함..407
제26장 행운의 성격(成格)과 변격(變格)을 논함................430
제27장 천간과 지지에 있어서 희기(喜忌)가 다름을 논함..........439
제28장 지지의 희기신(喜忌神)이 운에서 청투(淸透)함을 논함....449
제29장 속설(俗說)의 격국(格局)을 논함...........................458
제30장 잘못 전해진 속설(俗說)을 논함.............................472

하권(下卷)

격국론(格局論)

제 31장 정관격(正官格)을 논함 7
제 32장 정관격의 취운(取運)을 논함 19
제 33장 재격(財格)을 논함 35
제 34장 재격의 취운(取運)을 논함 59
제 35장 인수격(印綬格)을 논함 79
제 36장 인수격의 취운(取運)을 논함 99
제 37장 식신격(食神格)을 논함 121
제 38장 식신격의 취운(取運)을 논함 137
제 39장 편관격(偏官格)을 논함 155
제 40장 편관격의 취운(取運)을 논함 176
제 41장 상관격(傷官格)을 논함 193
제 42장 상관격의 취운(取運)을 논함 215
제 43장 양인격(陽刃格)을 논함 233
제 44장 양인격의 취운(取運)을 논함 250
제 45장 건록월겁격(建祿月劫格)을 논함 259
제 46장 건록월겁격의 취운(取運)을 논함 281
제 47장 잡격(雜格)을 논함 303
　　　　잡격의 취운(取運)을 부론(附論)함 331

격국론(格局論)

제31장
정관격(正官格)을 논함

　官以剋身, 雖與七殺有別, 終受彼制, 何以切忌刑沖破害, 尊之若是乎, 豈知人生天地間, 必無矯焉自尊之理, 雖貴極天子, 亦有天祖臨之, 正官者分所當尊, 如在國有君, 在家有親, 刑沖破害, 以下犯上, 烏乎可乎.

　정관(正官)이 일주를 극하면 비록 칠살(七殺)과는 다르다고 할지라도 결국은 극제를 받는데, 어찌하여 형충파해(刑沖破害)를 절대로 꺼리는가?
　어찌하여 정관(正官)을 이와 같이 존귀하게 여기는가?

　'사람이 천지간에 살아가면서 높이 쳐들면서 스스로를 존귀하게 여기는 이치는 반드시 없다'는 것을 어찌 알겠는가?[1]
　비록 귀함이 극에 달한 천자(天子)라고 할지라도 역시 천조(天祖)가 내려다봄이 있다.

　1)극제가 없어서는 아니 된다는 것을 말한 것이다. 자존심이 극에 이르면 될 것인가?

　정관(正官)이라는 것은 마땅히 존중하여야 할 부분이니, 나라에 있어서는 군주가 있고 가정에 있어서는 어버이가 있는 것과 같다.

형충파해(刑沖破害)는 아랫사람이 윗사람을 범하는 것인데, 어찌 가능할 것인가?

서락오평주(徐樂吾評註)

정관(正官)과 칠살(七殺)은 똑같이 일주를 극제하는 것이나 음양배합(陰陽配合)에 있어서 다른 점이 있으니, 고로 그 작용은 크게는 같으나 작게는 다르다.

가령 신강관경(身强官輕)하면 마땅히 용재(用財)하여 생관(生官)하여야 하고,

신약관중(身弱官重)하면 마땅히 용인(用印)하여 정관(正官)을 인화하여야 하는데, 이것은 관살(官殺)이 같은 바이다.

일주(日主)가 정관(正官)이나 칠살(七殺)과 왕약(旺弱)이 서로 같다면 이름하여 '양정(兩停)'인데,

칠살(七殺)은 마땅히 용식상(用食傷)하여 극제하여야 하나,

정관(正官)은 극제가 마땅하지 않고 여전히 용재(用財)하여 생관(生官)하여야 하는데, 식상(食傷)이 있는 경우에는 다시 반드시 인수(印綬)로 호위하여야 한다.

정관(正官)과 일주(日主)는 음양배합(陰陽配合)이 유정(有情)하니, 일주가 원래 그 극제를 두려워하지 않는 까닭이다.

만약 식상(食傷)이 나타났으면 관성(官星)을 상하고, 또한 일주를 설기(洩氣)하니 불가하다.

형충파해(刑沖破害)는 성격(成格)에 있어서 모두 꺼리고, 단지 관성(官星)만이 그러한 것이 아니다.

以刑沖破害爲忌, 則以生之護之爲喜矣, 存其喜而去其
忌則貴, 而貴之中又有高低者, 何也? 以財印並透者論
之, 兩不相礙, 其貴也大.
　如薛相公命, 甲申壬申乙巳戊寅, 壬印戊財, 以乙隔之,
水與土不相礙, 故爲大貴, 若壬戌丁未戊申乙卯, 雜氣正
官, 透干會支, 最爲貴格, 而壬財丁印, 二者相合, 仍以孤
官無輔論, 所以不上七品.

　형충파해(刑沖破害)는 꺼리는 것이고, 생(재)하거나 호위(인수)
하는 것은 기쁜 것이다.
　그 기쁜 것은 보존하고 그 꺼리는 것은 제거하여야 귀하게 되
는데, 귀한 가운데에도 다시 고저(高低)가 있는 것은 어찌된 까
닭인가?

　재인(財印)이 병투(並透)한 것으로 논하되, 서로가 장애가 되
지 않아야 그 귀(貴)가 크다.
　①가령 설(薛) 상공(相公)*의 명조는 甲申・壬申・乙巳・戊寅
이다.
　壬水가 인수(印綬)이고 戊土가 재(財)인데,
　乙木이 가로막아서 水와 土가 서로 장애가 되지 않으니 고로
대귀(大貴)하였다.
　*상공(相公): 재상(宰相)의 높임말.

　②가령　壬戌・丁未・戊申・乙卯는　잡기정관격(雜氣正官格)이
다.
　천간에 투출(透出)하고 지지에서 회국(會局)하였으니 가장 귀
격(貴格)인데,
　壬水라는 재성(財星)과 丁火라는 인수(印綬)가 서로 합하여 고

관무보(孤官無輔)이니 이에 7품(品)위로 올라가지 못하였다.

```
戊 乙 壬 甲        乙 戊 丁 壬
寅 巳 申 申        卯 申 未 戌
己戊丁丙乙甲癸     甲癸壬辛庚己戊
卯寅丑子亥戌酉     寅丑子亥戌酉申
```

왼쪽 명조는 관인상생격(官印相生格)에 壬水가 용신이고, 오른쪽 명조는 시상관성격(時上官星格)에 乙木이 용신이다.

서락오평주(徐樂吾評註)
'기쁜 것은 보존하고 꺼리는 것은 제거한다'는 것은 즉 신봉(神峯)의 병약설(病藥說)인데,
진실로 바뀔 수 없는 이론이다.

귀(貴)의 고저(高低)는 전적으로 팔자의 배합에 있어서 청탁(淸濁)과 순잡(純雜)에 있다.

①가령 설(薛) 상공(相公)의 명조는 관인상생격(官印相生格)인데, 왕재(旺財)가 파인(破印)하지 않고, 관성(官星)이 병령(秉令)하였으며, 진신(眞神)이 득용(得用)하였으니 마땅히 상공(相公)이 되었다.
그러나 또한 자그마한 병(病)이 있다.
寅巳申이 삼형(三刑)이니 귀기(貴氣)가 형상(刑傷)되는 것을 면하지 못하는데, 乙亥運에 이르러서는 사충(四沖)이니 풍파가 반드시 없지는 않았을 것이다.
그 팔자가 청순(淸純)한데,
다시 행운이 서북(西北)의 관인운(官印運)으로 행하니 마땅히 대귀(大貴)할 조짐이다.

②잡기정관격(雜氣正官格)인 두 번째의 명조는 未가 木의 고장(庫藏)이라고 할지라도 관성(官星)이 병령(秉令)하지 않았고,

丁火와 壬水가 합하여 재인(財印)이 작용을 모두 잃었으며, 卯申이 합하여 관성(官星)이 손상되었고, 기세(氣勢)가 유통(流通)하지 않는다.

고관무보(孤官無輔)라는 것이 확실히 드러나 있으니 쉽게 볼 수 있다.

若財印不以兩用, 則單用印不若單用財, 以印能護官, 亦能洩官, 而財生官也, 若化官爲印而透財, 則又爲甚秀, 大貴之格也.

如金壯元命, 乙卯丁亥丁未庚戌, 此並用財印, 無傷官而不雜殺, 所謂去其忌而存其喜者也.

만약 재인(財印)을 병용(並用)하지 않으면, 단독으로 용인(用印)하는 것은 단독으로 용재(用財)하는 것만 못하다.
인수(印綬)는 정관(正官)을 호위할 수 있으나 또한 정관(正官)을 설기(洩氣)할 수 있기 때문인데, 재(財)는 정관(正官)을 생하기만 한다.

만약 정관격(正官格)이 인수격(印綬格)으로 변하였는데, 재(財)가 투출하였으면 또한 매우 아름다우니 대귀격(大貴格)이다. 용재손인(用財損印)

가령 乙卯·丁亥·丁未·庚戌이라는 김(金) 장원(狀元)의 명조이다.

이것은 재인(財印)을 병용(並用)하는데 상관(傷官)이 없고 칠살(七殺)이 섞이지 않았으니,

소위 '꺼리는 것은 제거하고 기쁜 것은 보존한다'는 것이다.

庚 丁 丁 乙
戌 未 亥 卯
庚辛壬癸甲乙丙
辰巳午未申酉戌

이 명조는 상관생재격(傷官生財格), 재자약살격(財滋弱殺格)에 庚金이 용신이다.

서락오평주(徐樂吾評註)

인수(印綬)는 나를 생하는 것이니 타인의 비호를 받는 것이고, 재(財)는 내가 극하는 것이니 타인을 관할하는 것이다.

이에 용인(用印)하는 것은 반드시 신약(身弱)하여야 하고, 용재(用財)하는 것은 반드시 신왕(身旺)하여야 한다.

신왕(身旺)하여 일을 감당할 수 있으면 자연히 타인의 비호를 받는 것에 비하여 현혁(顯赫)하게 되는데,

만약 신약(身弱)하면 도리어 비호를 받아서 편안히 즐기는 것만 못하다.[1]

[1] 신약(身弱)하면 용재(用財)하는 것은 용인(用印)하는 것만 못하다는 뜻이다.

김(金) 장원(狀元)의 명조는 亥卯未가 삼합(三合)을 이루었으니 정관격(正官格)이 인수격(印綬格)으로 변하였다.

木이 왕성하여 火가 막혔으니 용재(用財)하여 손인(損印)하여야 하는데, 적천수(滴天髓)의 군뢰신생(君賴臣生)*이라는 이치이다.

재인(財印)을 병용(並用)하는 것은 아닌 것 같고, 또한 정관격(正官格)이 용재(用財)하는 것도 아니니, 정관격(正官格)에 나열하여야 하는 것이 아닌 것 같다.

*군뢰신생(君賴臣生): 일주가 재(財)의 반생(反生)에 의지하는 격국. 재인불애격(財印不碍格).

然而遇傷在於佩印, 混殺貴乎取淸.
如宣參國命, 己卯辛未壬寅辛亥, 未中己官透干用淸, 支會木局兩辛解之, 是遇傷而佩印也, 李參政命, 庚寅乙酉甲子戊辰, 甲用酉官, 庚金混雜, 乙以合之, 合殺留官, 是雜殺而取淸也.

상관(傷官)을 만났으면 패인(佩印)하여야 하고, 혼살(混殺)하였으면 취청(取淸)*하여야 귀하게 된다.

*취청(取淸): 청(淸)함을 거두어들임, 나아가 청(淸)하게 됨.

①가령 선(宣) 참국(參國)*의 명조는 己卯·辛未·壬寅·辛亥 인데,

未中의 기토관성(己土官星)이 투출하였으니 용신(격국)이 청(淸)하고, 지지에 모인 목국(木局)은 두 개의 辛金이 해결한다.

이것은 상관(傷官)을 만났으나 패인(佩印)한 것이다.

*참국(參國): 재상(宰相)을 보좌하던 벼슬.

②이(李) 참정(參政)*의 명조는 庚寅·乙酉·甲子·戊辰인데, 甲木에 관성(官星)인 酉金이 용신이다.

庚金이 혼잡하나 乙木이 합하여 합살유관(合殺留官)하였는데, 이것은 혼살(混殺)하였으나 취청(取淸)한 것이다.

*참정(參政): 참지정사(參知政事)의 약칭. 재상을 보좌하던 벼슬, 종 2품.

辛	壬	辛	己		戊	甲	乙	庚
亥	寅	未	卯		辰	子	酉	寅
甲乙丙丁戊己庚					壬辛庚己戊丁丙			
子丑寅卯辰巳午					辰卯寅丑子亥戌			

왼쪽 명조는 진상관용인격(眞傷官用印格)에 월간(月干)의 辛金이

용신이고, 오른쪽 명조는 신왕(身旺)하니 시상편재격(時上偏財格), 재자약살격(財滋弱殺格)에 戊土가 용신이다.

서락오평주(徐樂吾評註)

'상관(傷官)을 만났으면 패인(佩印)하여야 하고, 혼살(混殺)하였으면 취청(取淸)하여야 한다'는 것은 원래 불역지론(不易之論)이다.

다만,
①가령 선(宣) 참국(參國)의 명조는 지지에 목국(木局)이 전부 있어서 정관격(正官格)이 상관격(傷官格)으로 변하였는데, 상관(傷官)이 왕하면서 설기(洩氣)하니 상관(傷官)을 극제하는 인수(印綬)가 용신이다.

기토관성(己土官星)은 金에 다 설기(洩氣)되었는데, 어찌 그것을 관성(官星)이라고 생각할 수 있을 것인가?

다른 눈으로 살펴보면, 즉 전국(全局)의 관건(關鍵)은 역시 인수(印綬)에 있고 정관(正官)에 있지 않다.

②이(李) 참정(參政)의 명조는 酉가 庚金의 왕지(旺地)인데, 乙庚이 합하여 그 상극지세(相剋之勢)를 완화시키니, 소위 '甲이 을매(乙妹)를 庚의 처로 삼아서 흉(凶)이 길조(吉兆)가 되었다'는 것이 이것이다.

甲木이 통근(通根)하였고, 子辰이 서로 합하여 재(財)가 인수(印綬)로 변하였는데, 인수(印綬)로 칠살(七殺)을 인화하니 용신이 또한 인수(印綬)에 있다.

다만 정관(正官)은 재(財)의 생이 있고 인수(印綬)의 인화가 있어야 기세(氣勢)가 유통(流通)한다.

격국이 합(合)으로 인하여 청(淸)하여졌는데, 이것이 즉 소위 '취청(取淸)'이라는 것이다.

至於官格透傷用印者, 又忌見財, 以財能去印, 未能生官, 而適以護傷故也, 然亦有逢財而反大貴者.
如范太傅命, 丁丑壬寅己巳丙寅, 支具巳丑, 會金傷官, 丙丁解之, 透壬豈非破格, 卻不知丙丁並透用一而足, 以丁合壬而財去, 以丙制傷而官淸, 無情而愈有情, 此正造化之妙, 變幻無窮, 焉得不貴.

정관격(正官格)에 상관(傷官)이 투출하여 용인(用印)하는 경우에는 재(財)가 나타나는 것을 꺼린다.
재(財)가 인수(印綬)를 제거할 수 있으나 생관(生官)할 수는 없고, 나아가 상관(傷官)을 보호하는 까닭이다.

그러나 또한 재(財)를 만났다고 할지라도 도리어 대귀(大貴)하는 경우가 있다.
가령 범(范) 태부(太傅)*의 명조는 丁丑・壬寅・己巳・丙寅인데, 지지에 巳丑이 있어서 상관국(傷官局)을 이루었으나 丙丁이 해소한다.
壬水가 투출하였는데 어찌 파격(破格)이 아닌가?
부지(不知)로되,
丙丁이 병투(並透)하였으나 하나를 사용하면 족한데, 丁火가 壬水를 합하여 재(財)가 제거되었고, 丙火가 상관(傷官)을 제거하여 관성(官星)이 청하게 되었다.
무정(無情)이 더욱 유정(有情)하게 되었다.
이것이 바로 조화(造化)의 오묘함이고, 변환(變幻)이 무궁(無窮)한 것인데, 어찌 귀(貴)하지 않을 것인가?

*태부(太傅): 임금을 도와 나라를 다스리던 삼공(三公)의 하나.

丙 己 壬 丁
寅 巳 寅 丑
乙丙丁戊己庚辛
未申酉戌亥子丑
이 명조는 관인상생격(官印相生格)에 丙火가 용신이다.

서락오평주(徐樂吾評註)
이 구절은 논하는 바가 매우 오묘하다.

범(范) 태부(太傅)의 명조는 丁壬의 합(合)이 寅月 寅時를 만나서 재인(財印)이 관성(官星)으로 변하였으니, 격국이 합(合)으로 인하여 취청(取淸)하였다.

丙火가 寅에서 투출하여 득록(得祿)하고 득생(得生)하였으니 진신득용(眞神得用)인데, 초춘(初春)에는 木이 왕(旺)하고 土가 허(虛)하다.

관청인정(官淸印正)인데, 다시 관인(官印)이 동궁(同宮)에서 병왕(並旺)하다.

대귀(人貴)를 어찌 의심할 것인가?

巳丑의 합(合)은 참된 합이 아니다.
삼합회국(三合會局)은 사정(四正)이 중심인데 酉가 없고 寅이 가로막았으며, 寅은 다시 金의 절지(絶地)이다.
어찌 관성(官星)을 상해(傷害)할 수 있을 것인가?
巳가 火土의 녹지(祿地)이면 다시 金의 생지(生地)일 수는 없기 때문이다.

至若地支刑沖, 會合可解, 已見前篇, 不必再述, 而以後諸格, 亦不談及矣.

　'지지의 형충(刑沖)을 회합(會合)이 해소할 수 있다'는 것은 이미 전편(前篇)에 나타나 있으니,
　다시 서술할 필요는 없고 이후의 제격(諸格)에서도 또한 언급하지 않는다.

제32장

정관격(正官格)의 취운(取運)을 논함

取運之道, 一八字則有一八字之論, 其理甚精, 其法甚活, 只可大略言之, 變化在人, 不可泥也.

취운지도(取運之道)는 하나의 팔자에 하나의 팔자에 대한 논리가 있다.
그 이치가 매우 정밀(精密)하고, 그 법이 매우 활변(活變)하니 단지 대략으로만 논할 수 있다.
변화(變化)는 사람에게 있는 것이니, 고집하여서는 아니 된다.

서락오평주(徐樂吾評註)
동일하게 정관격(正官格)이 용재(用財)한다고 할지라도 취운(取運)은 같지 않은데, 이것은 어찌된 까닭인가?
팔자에는 용신(用神)과 희신(喜神)과 기신(忌神)외에 항상 한신(閑神)이 있기 때문인데,
용신(用神)의 희기(喜忌)는 정해짐이 있으나 한신(閑神)은 정해짐이 없다.

가령 정관격(正官格)이 용재(用財)하면 정관(正官)이 용신이고 재(財)가 희신이며 상관(傷官)이 기신인데,
한신(閑神)의 협잡(夾雜)이 일정하지 않고, 지지의 위치(位置)와

선후(先後)와 배합(配合)이 일정하지 않으니, 고로 하나의 팔자에는 하나의 팔자에 대한 논리가 있다.
　아래의 예증(例證)에서 그때마다 상세하게 살펴보라.

如正官取運, 卽以正官所統之格分而配之, 正官而用財印, 身稍輕則取助身, 官稍輕則取助官, 若官露而不可逢合, 不可雜殺, 不可重官, 與地支刑沖, 不問所就何局, 皆不利也.

가령 정관격(正官格)의 취운(取運)은 즉 정관(正官)이 거느리는 격으로 나누어서 배열한다.

정관격(正官格)에 용재인(用財印)하는 경우인데,
일주가 조금 약하면 일주를 돕는 운을 취하고, 정관(正官)이 조금 약하면 정관(正官)을 돕는 운을 취한다.[1]
[1] 일주가 조금 약하면 용인(用印)하고 정관(正官)이 조금 약하면 용재(用財)하되, 재인(財印)을 겸용(兼用)하지 않는다.

만약 정관(正官)이 투출하였으면 합(合)을 만나서는 아니 되고, 칠살(七殺)이 섞여서는 아니 되며, 중관(重官)이어서는 아니 되는데,
지지(地支)의 형충(刑沖)과 함께 어떠한 국(局)인가를 불문하고 모두 불리하다.

서락오평주(徐樂吾評註)
취운(取運)의 희기(喜忌)는 각각 한결같지 않으니,
고로 겨우 팔격편(八格篇)에서 인용한 각각의 명조에 운(運)의 희기(喜忌)를 배합하여 독자들의 참고를 도울 뿐이다.

'정관격(正官格)이 용재인(用財印)한다'는 것은 비록 겸용(兼用)한다고 말하였다고 할지라도 반드시 주재하는 바가 있다.

일주가 조금 약하면 일주를 돕는 운을 취하여야 하니 인수(印綬)를 위주로 하고,

정관(正官)이 조금 약하면 정관(正官)을 돕는 운을 취하여야 하니 정관(正官)을 위주로 한다.

그러나 재인(財印)이 병투(並透)하였으면 관살운(官殺運)을 가장 기뻐하는데,

재(財)가 관살(官殺)을 생하고 관살(官殺)이 인수(印綬)를 생하여 한결같이 기(氣)가 서로 통하는 까닭이다.

이러한 경우에는 관살(官殺)이 인수(印綬)를 생하고 일주를 극하지 않는다.

관성(官星)이 간두에 투출하였으면 합관(合官)이나 잡살(雜殺)이나 중관(重官)이나 지지형충(地支刑冲)은 똑같이 정관격(正官格)이 꺼리는 바이다.[1]

[1] 관성(官星)이 간두에 투출하였다고 할지라도 신약(身弱)하면 잡살(雜殺)이나 중관(重官)을 꺼리지 않는다.
취운(取運)은 일주(日主)와 용신(用神)을 위주로 하여야 하는데, 자평진전(子平眞詮)에서는 월령지신(月令之神)을 위주로 하고 있으니 간혹 오류가 있다.
그 의미를 이해하되, 절대로 고집하여서는 아니 된다.

만약 정관(正官)이 지지에 암장하고 있으면 지지(地支)의 회합(會合)도 또한 꺼린다.

```
戊 乙 壬 甲        戊 乙 壬 己
寅 巳 申 申        寅 巳 申 酉
```
己戊丁丙乙甲癸   己戊丁丙乙甲癸
卯寅丑子亥戌酉   卯寅丑子亥戌酉

이것은 정관편(正官篇)에서 논한 설(薛) 상공(相公)의 명조이다.

월령이 정관(正官)이고 재인(財印)을 겸용(兼用)하는데,

기쁘게도 재(財)와 인수(印綬)를 乙木이 가로막아서 서로 장애가 되지 않으니 고로 겸용(兼用)할 수 있다.

그러나 추목(秋木)이 조령(凋零)한데,

정관(正官)이 봉생(逢生)하고 봉록(逢祿)하였으며, 재(財)도 또한 봉생(逢生)하고 봉록(逢祿)하였으니 재관(財官)이 태왕(太旺)하다.

소위 '일주가 조금 약하다'는 것이니, 마땅히 일주를 돕는 운을 취하여야 한다.

酉運에는 칠살(七殺)이 재(財)를 덜어내고 인수(印綬)를 생하니 가장 아름다웠고, 甲運은 방신(幇身)하니 역시 길하였다.

만약 甲申年이 바뀌어 己酉年이라면,

甲運으로 행하면 己土가 비겁(比刦)을 합하고 인수(印綬)를 극하여 좋지 못하였을 것인데,[1] 소위 '한신(閑神)의 배합으로 인하여 희기(喜忌)가 같지 않다'는 것이다.

戌運에는 재(財)가 왕하나 기쁘게도 인수(印綬)를 상하지 않으니 고로 장애가 없었고, 乙亥이후에는 운이 북방(北方)의 인수운(印綬運)으로 행한다.

다만 亥運에는 사충(四冲)을 만나니 풍파가 반드시 없지는 않았을 것인데, 소위 '지지의 배합(配合)으로 인하여 그 희기(喜忌)가 다르다'는 것이다.

戌運에는 재성(財星)이 파인(破印)하고, 寅運에는 두 개의 寅이 관성(官星)을 충(冲)하니 모두 좋지 않은데, 아마 이곳에서 세상을

떠났을 것이다.

1)甲運은 己土라는 기신(忌神)을 합하고 일주를 방조(幇助)하니 결코 나쁘지 않다. 甲己가 화토(化土)하여 壬水를 극할 수는 없다.

이 명조는 관인상생격(官印相生格)에 壬水가 용신이니, 금수목운(金水木運)이 길하고 화토운(火土運)은 불리하다.

乙 戊 丁 壬
卯 申 未 戌
甲癸壬辛庚己戊
寅丑子亥戌酉申

이것은 정관편(正官篇)에서 논한 잡기정관격(雜氣正官格)의 명조이다.

비록 재인(財印)이 병투(並透)하였다고 할지라도,

丁火와 壬水가 합하여 재인(財印)이 모두 그 작용을 잃었으니, 고로 고관무보(孤官無輔)라고 논하였다.

다시 卯申이 서로 합(合)하고,[1] 戌未가 서로 형(刑)하여 관성(官星)의 뿌리가 파손되었는데, 이것이 팔자에 있어서 근본적인 약점이다.

운을 논하면,

일주가 당왕(當旺)하였고 관성(官星)이 조금 약하니 마땅히 관성(官星)을 돕는 운을 취하여 한다.

庚戌이전에는 좋은 운이 없었는데, 亥壬子癸 20년에는 재운(財運)이 관성(官星)을 생조(生助)하니 일생에 있어서 가장 뜻을 이룬 시기였을 것이다.

1)卯中乙木과 申中庚金이 합한다는 의미이다.

이 명조는 시상관성격(時上官星格)에 乙木이 용신이니, 수목운(水木運)이 길하고 화토금운(火土金運)은 불리하다.

正官用財, 運喜印綬身旺之地, 切忌食傷, 若身旺而財
輕官弱, 卽仍取財官運可也.

정관격(正官格)이 용재(用財)하면 인수운(印綬運)과 신왕운(身
旺運)을 기뻐하고 식상운(食傷運)은 절대로 꺼린다.[1]

만약 신왕(身旺)하고 재관(財官)이 약하면 여전히 재관운(財官
運)을 취할 수 있다.

1) 정관격(正官格)이 용재(用財)하면 식상운(食傷運)과 재운(財運)과 관살운(官殺運)
을 기뻐하고, 인수운(印綬運)과 비겁운(比刦運)은 꺼린다.
　여기에서의 용재(用財)라는 것은 진정한 용신을 의미하는 것이 아니고, 재(財)가
있어서 신약(身弱)하다는 의미이다.
　무분별하게 용어가 사용되어 후학들에게 혼란(混亂)을 주는 것이 자평진전(子平眞
詮)에 있어서 최대의 아쉬운 점이다.

서락오평주(徐樂吾評註)

정관격(正官格)이 용재(用財)하는 경우에는 반드시 신왕(身旺)과
신약(身弱)을 나누어야 하는데, 두 가지가 전혀 다르다.
　신약(身弱)하면 인수운(印綬運)과 신왕운(身旺運)을 기뻐하고 식
상운(食傷運)은 꺼리며,
　신왕(身旺)하면 재관운(財官運)을 기뻐한다.

위의 두 명조를 참조하여 읽어보면 저절로 밝혀진다.

正官佩印, 運喜財鄕, 食傷反吉, 若官重身輕而佩印, 則身旺爲宜, 不必財運也.

정관격(正官格)이 패인(佩印)하였으면 재운(財運)을 기뻐하고 식상운(食傷運)은 도리어 길하다. 신왕(身旺)한 경우.

만약 정관(正官)이 많아서 신약(身弱)한데 패인(佩印)하였으면 신왕운(身旺運)이 마땅하고 재운(財運)은 필요로 하지 않는다.

서락오평주(徐樂吾評註)
정관패인격(正官佩印格)도 또한 신왕(身旺)과 신약(身弱)이라는 두 가지로 나뉜다.

신왕(身旺)하고 인수(印綬)가 많으면 손인(損印)하는 재운(財運)을 기뻐하고, 식상운(食傷運)은 일주를 설수(洩秀)하고 생재(生財)하니 자연히 좋은 운이다.

만약 정관(正官)이 많아서 신약(身弱)한데 패인(佩印)하였으면 용인수(用印綬)하여 일주를 자생(滋生)하여야 하니 파인(破印)하는 재운(財運)을 꺼리고, 식상운(食傷運)도 또한 좋지 않으며,
마땅히 비겁운(比刦運)과 인수운(印綬運)으로 행하여야 한다.

庚 丁 丁 乙
戌 未 亥 卯
庚辛壬癸甲乙丙
辰巳午未申酉戌

　정관격(正官格)이 인수격(印綬格)으로 변하였고 재(財)가 투출하였는데, 정관편(正官篇)의 김(金) 장원(狀元)의 명조이다.
　亥卯未가 삼합(三合)을 이루어서 정관(正官)이 인수(印綬)로 변하였고 乙木이 투출하였다.
　신왕(身旺)하고 인수(印綬)가 많으니 용재(用財)하여 손인(損印)하는데, 시(時)에서 庚戌을 만났으니 재성(財星)이 유근(有根)이다.
　처음 행한 申酉運은 서방(西方)의 재지(財地)인데, 甲木이 통근(通根)하지 못하였고 乙木이 庚金을 좇아 화(化)하였으니 자연히 좋은 운이다.
　癸未이후에는 운이 남방(南方)으로 바뀌어서 일원이 태왕(太旺)한데, 壬癸運에는 관살(官殺)이 재(財)를 설기(洩氣)하고 인수(印綬)를 생하니 또한 좋지 않다.
　이것은 소위 '신왕(身旺)이 패인(佩印)하였으면 식상운(食傷運)과 재운(財運)을 기뻐한다'는 것이다.
　이 명조는 상관생재격(傷官生財格)에 庚金이 용신이니, 토금수운(土金水運)이 길하고 목화운(木火運)은 불리하다.
　수운(水運)은 용신을 설기(洩氣)하니 나쁘다고 하나, 기신(忌神)을 제거하기 때문에 길하다고 보아야 한다.

正官帶食傷而用印制, 運喜官旺印旺之鄉, 財運切忌,
若印綬疊出, 財運亦無害矣.

정관격(正官格)에 식상(食傷)이 있어서 용인(用印)하면 관왕운(官旺運)과 인왕운(印旺運)을 기뻐하고, 재운(財運)은 절대로 꺼린다.

만약 인수(印綬)가 첩출(疊出)하였으면 재운(財運)도 또한 무해하다.

서락오평주(徐樂吾評註)

'정관격(正官格)에 식상(食傷)이 있어서 용인(用印)한다'는 것은 반드시 인수(印綬)가 많은 경우와 인수(印綬)가 적은 경우로 나누어야 한다.

만약 상관(傷官)은 많고 인수(印綬)가 적으면 인수 운(印綬運)을 기뻐하고, 관왕운(官旺運)은 인수(印綬)를 생하니 또한 기쁜데, 만약 재운(財運)이면 인수(印綬)를 극하니 크게 꺼린다.

반대로,
만약 인수(印綬)가 중첩(重疊)하여 일주를 생하는데, 용식상(用食傷)하여 일원을 설기(洩氣)하면 재운(財運)이 도리어 길하다.
식상(食傷)이 재지(財地)로 행하는 것을 기뻐하는 것은 그 손인(損印)하는 바를 취하는 것이다.

辛 壬 辛 己
亥 寅 未 卯
甲乙丙丁戊己庚
子丑寅卯辰巳午

이것은 정관편(正官篇)의 선(宣) 참국(參國)의 명조이다.
 해묘미가 삼합목국(三合木局)을 이루어서 정관격(正官格)이 상관격(傷官格)으로 변하였고,
 일원이 寅木에 앉아서 寅亥가 다시 합이화목(合而化木)하였으니 상관(傷官)이 중중(重重)하다.
 일원의 설기(洩氣)가 지나치게 심하니, 상관(傷官)을 극제하고 일주(日主)를 돕는 신금인수(辛金印綬)가 용신이다.
 기토관성(己土官星)이 비록 투출하였다고 할지라도 인수(印綬)를 생하는 것만 취할 뿐인데, 상관(傷官)이 많고 인수(印綬)가 적은 까닭이다.
 己巳 戊辰 20년에는 관살운(官殺運)이 신금인수(辛金印綬)를 자생(滋生)하니 좋은 운이나, 丁運이후에는 재성(財星)이 파인(破印)하니 행할 수 없다.
 이 명조는 진상관용인격(眞傷官用印格)에 辛金이 용신이니, 토금수운(土金水運)이 길하고 목화운(木火運)은 불리하다.

正官而帶殺, 食傷反爲不礙, 其命中用刧合殺, 則財運可行, 食傷可行, 身旺印綬亦可行, 只不可復露七殺, 若命用傷官合殺, 則食傷與財俱可行, 而不宜逢印矣.

정관격(正官格)이 칠살(七殺)을 대동하였으면 식상(食傷)이 도리어 장애가 되지 않는다.

그 명조에서 용비겁(用比刧)하여 합살(合殺)하면 재운(財運)으로 행할 수 있고,[1] 식상운(食傷運)으로도 행할 수 있으며, 신왕운(身旺運)이나 인수운(印綬運)도 또한 행할 수 있는데, 다만 다시 칠살운(七殺運)으로 행하여서는 아니 된다.

[1]비겁(比刧)이 진정한 용신이라면 재운(財運)은 마땅하지 않다.

만약 명조에서 용상관(用傷官)하여 합살(合殺)하면 식상운(食傷運)과 재운(財運)은 모두 행할 수 있으나, 인수운(印綬運)은 마땅하지 않다.

서락오평주(徐樂吾評註)

이 구절에서의 글의 의의는 마땅히 그 뜻을 이해하여야 하고, 집착하여서는 아니 된다.

본래 행운(行運)에서의 희기(喜忌)는 반드시 사주배합(四柱配合)을 살펴보아야 하고 일정하지 않다.

용관(用官)하면 본디 상관(傷官)을 꺼리나 칠살(七殺)을 대동하였으면 꺼리지 않은데, 제살(制殺)할 수 있기 때문이다.[1]

[1]관성(官星)이 진정한 용신이라면 상관운(傷官運)은 마땅히 꺼린다.

합살(合殺)에는 두 가지가 있는데,
양간(陽干)의 합살(合殺)은 용비겁(用比刼)하고, 음간(陰干)의 합살(合殺)은 용상관(用傷官)한다.

<u>용비겁(用比刼)</u>하여 합살(合殺)하면 다시 칠살운(七殺運)으로 행하는 것을 가장 꺼리고, 재운(財運)과 식상운(食傷運)과 인수운(印綬運)은 모두 행할 수 있다.
신왕(身旺)하면 본디는 인수운(印綬運)이 마땅하지 않으나,
용비겁(用比刼)하여 합살(合殺)하는 경우에는 칠살(七殺)이 아직 합거(合去)된 것이 아니고, 설령 신왕(身旺)하다고 할지라도 결국은 관살(官殺)이 함께 나타났으니 고로 인수운(印綬運)으로 행하여 칠살(七殺)을 인화하는 것이 또한 가능하다.[2]
다만 재차 칠살(七殺)이 나타나서 혼국(混局)하면 사주배합(四柱配合)이 어떠한 경우인가를 논하지 않고, 결코 마땅하지 않다.

<small>2) 신왕(身旺)한 경우에는 관살(官殺)의 혼잡(混雜)이 어찌 해로울 것인가? 인수운(印綬運)은 마땅하지 않고, 칠살운(七殺運)은 매우 기쁘다.</small>

<u>용상관(用傷官)</u>하여 합살(合殺)하는 경우도 또한 마찬가지이나.
식상운(食傷運)과 재운(財運)은 배합이 마땅하다는 조건(條件)하에서 모두 행할 수 있다.
다만 편인(偏印)이 있어서 상관(傷官)을 극거하고 합살지국(合殺之局)을 깨트리면 결단코 아니 된다.

戊 甲 乙 庚
辰 子 酉 寅
壬辛庚己戊丁丙
辰卯寅丑子亥戌

정관편(正官篇)에서 논한 이(李) 참정(參政)의 명조인데, 乙庚이 합하였으니 합살유관(合殺留官)이다.

식상운(食傷運)인 丙戌丁이나 인수운(印綬運)인 亥子丑이나 재운(財運)인 戊己는 모두 행할 수 있으나,

다만 庚運은 칠살(七殺)이 거듭 나타나서 혼국(混局)하니 결단코 마땅하지 않다.

이 명조는 시상편재격(時上偏財格)에 戊土가 용신이니,

식상운(食傷運)과 재운(財運)과 관살운(官殺運)이 마땅하고, 인수운(印綬運)은 마땅하지 않다.

丙 己 壬 丁
寅 巳 寅 丑
乙丙丁戊己庚辛
未申酉戌亥子丑

정관격(正官格)이 용인(用印)하면 본디는 재(財)가 나타나는 것을 꺼리는데,

이 명조는 丁火와 壬水가 서로 합하여 재(財)가 관성(官星)으로 변하였으니 기신(忌神)이 희신(喜神)으로 변하였고,

격국(格局)도 또한 합(合)으로 인하여 청(淸)하여졌으니 마땅히 대귀격(大貴格)이다.

巳丑중의 金은 암장하고 투출하지 않았으며 기(氣)가 또한 휴수(休囚)하니 본디는 논하지 않으나,

庚辛運에는 金이 인출되니 마땅하지 않은데, 기쁘게도 원국(原局)에 있는 丙火가 회극(回剋)하니 인수(印綬)가 가히 정관(正官)을 호위한다.

용인(用印)하면 재(財)가 나타나는 것은 마땅하지 않으니 亥子運이 또한 불리하나,

기쁘게도 지지에 있어서 丙火를 상하지 않고 관성(官星)을 생하니 길하다.

己 戊 丁運에는 방신(幇身)하고 인수(印綬)를 도우니 모두 길운(吉運)이다.

酉運은 삼합(三合)이 함께 와서 관성(官星)을 상극(傷剋)하니 불리하고, 丙運은 가장 길하다.

이것은 정관편(正官篇)의 범(范) 태부(太傅)의 명조이다.

이 명조는 관인상생격(官印相生格)에 丙火가 용신이니, 목화토운(木火土運)이 길하고 금수운(金水運)은 불리하다.

此皆大略言之, 其八字各有議論, 運中每遇一字, 各有
講究, 隨時取用, 不可言形, 凡格皆然, 不獨正官也.

이것은 모두 대략적으로 이야기한 것이다.

그 팔자에는 각각의 의론(議論)이 있고, 운에서 만나는 한 글자마다 각각 연구하여야 할 것이 있으니, 그때그때 취용(取用)하되 언어로 나타낼 수는 없다.
모든 격(格)이 모두 그러하고, 단지 정관(正官)만이 아니다.

서락오평주(徐樂吾評註)
운(運)의 희기(喜忌)는 팔자의 배합(配合)에 따라 다르니 일정한 법이 없다.

가령 위의 이(李) 참정(參政)의 명조에서 庚運에 두 개의 庚金이 乙木을 합하는 것은 칠살(七殺)이 혼국(混局)한 것이나,
범(范) 태부(太傅)의 명조는 丁運에 두 개의 丁火가 壬水를 합하는 것은 장애가 없는데,
칠살(七殺)은 일주를 극하나 편인(偏印)은 일주를 도우니 서로 다르기 때문이다.
만약 壬運을 만나면 두 개의 壬水가 丁火를 합하니 즉 행할 수 없는데, 재(財)가 병화인수(丙火印綬)를 극하는 기신(忌神)이기 때문이다.
국(局)에 따라서 변환(變幻)하니, 이것은 가히 깨우쳐야 한다.

제33장

재격(財格)을 논함

財爲我剋, 使用之物也, 以能生官, 所以爲美, 爲財帛, 爲妻妾, 爲才能, 爲驛馬, 皆財類也.

재(財)는 내가 극하는 것이고 사용하는 물건인데, 관성(官星)을 생할 수 있으니 이에 아름답다.
재백(財帛)과 처첩(妻妾)과 재능(才能)과 역마(驛馬)는 모두 재(財)의 종류이다.

서락오평주(徐樂吾評註)
　재(財)는 내가 극하는 것인데, 반드시 신강(身强)하여야 비로소 극제할 수 있다.
　만약 신약(身弱)하면 비록 재(財)가 있다고 할지라도 감당할 수 없으니 재(財)가 도리어 재앙이다.
　재(財)는 인생에서 빠져서는 아니 되는 물질인데,
　그러나 반드시 재능(才能)과 세력(勢力)이 있어야 비로소 굳게 지키면서 운용(運用)할 수 있고 복(福)을 획득할 수 있다.
　그렇지 않으면, 어린아이가 옥(玉)을 품고 있다가 부질없이 죄를 뒤집어쓰는 것과 같을 뿐이다.

　격국(格局)중에 단독으로 용재(用財)하는 경우는 매우 적다.
　가령 신강(身强)하고 정관(正官)이 투출하였는데 용재(用財)하여 생관(生官)하거나,

신강(身强)하고 칠살(七殺)이 약한데 용재(用財)하여 자살(滋殺)하거나,

 신강(身强)하고 인수(印綬)가 왕한데 용재(用財)하여 손인(損印)하거나,

 신강(身强)하여 설기(洩氣)를 기뻐하는데 식상(食傷)이 투출하여 식상생재(食傷生財)로 취용하거나,

 재다신약(財多身弱)인데 용비겁(用比刦)하여 재(財)를 나누는 것은 모두 단독으로 용재(用財)하는 것이 아니다.

財喜根深, 不宜太露, 然透一位以淸用, 格所最喜, 不爲之露, 卽非月令用神, 若寅透乙, 卯透甲之類, 一位亦不爲過, 太多則露矣, 然而財旺生官, 露亦不忌, 蓋露以防刦, 生官則刦退, 譬如府庫錢糧, 有官守護, 卽使露白, 誰敢刦之? 如葛參政命, 壬申壬子戊午乙卯, 豈非財露, 惟其生官, 所以不忌也.

재(財)는 뿌리가 깊은 것을 기뻐하고, 지나치게 노출한 것은 마땅하지 않다.
하나가 투출하여야 용신이 청하니, 격에서 가장 기뻐하는 바는 지나치게 노출하지 않은 것이다.

설령 월령용신(月令用神)이 아니라고 할지라도,
가령 寅에서 乙木이 투출하거나 卯에서 甲木이 투출한 것들은 하나만 있으면 역시 허물이 되지 않고, 지나치게 많으면 노출한 것이다.

그러나 재왕생관격(財旺生官格)에서는 노출한 것을 또한 꺼리지 않는데, 노출하였으면 비겁(比刦)을 예방하여야 하나 생관(生官)하면 비겁(比刦)이 물러나기 때문이다.
가령 부(府)의 창고에 있는 전량(錢糧)을 관리가 있어서 수호하면 설령 남에게 드러낸다고 할지라도 누가 감히 겁탈할 것인가?
가령 갈(葛) 참정(參政)의 명조는 壬申・壬子・戊子・乙卯인데, 재(財)가 노출한 것이 어찌 아닌가? 관성(官星)을 생하니 이에 꺼리지 않는다.

乙 戊 壬 壬
卯 午 子 申
己戊丁丙乙甲癸
未午巳辰卯寅丑

이 명조는 子月에 동목(冬木)이고 습목(濕木)인 乙卯木이 午火를 생하지 못하고, 子水가 午火를 충하니 종(從)하지 않을 수 없다.
이에 가종살용재격(假從殺用財格)이다. 甲寅時라면 살인상생격(殺印相生格)에 午中丁火가 용신이다.

서락오평주(徐樂吾評註)

'뿌리가 깊다'는 것은 '지지에 암장(暗藏)하였다'는 것을 말한다.
만약 천간의 재(財)가 지지에 무근(無根)이면 이것은 재(財)가 허부(虛浮)하니 용신이 되기 부족하다.

재성(財星)이 용신이면 겁탈하여서는 아니 되니, 만약 재(財)가 단독으로 용신이면 비겁(比刼)이 나타나서는 아니 된다.

갈(葛) 참정(參政)의 명조는 子申이 회국(會局)하고, 壬水가 통근득기(通根得氣)하였으며, 시(時)에 을목관성(乙木官星)이 투출하였다.
신왕(身旺)하고 인수(印綬)에 앉아 있으니 재생관왕(財生官旺)으로 취용하는데,[1] 관성(官星)이 있어서 재(財)를 호위하니 자연히 비겁(比刼)을 꺼리지 않는다.
자평지술(子平之術)은 제강(提綱)이 중요한데,
월령에 재성(財星)이 병령(秉令)하였으니 고로 재격(財格)에 귀속시켰으나,
실제로는 재(財)가 용신(用神)인 것은 아니고 다만 재(財)가 희신

(喜神)일 뿐이다.
 용식상(用食傷)하여 생재(生財)하는 경우에도 또한 비겁(比刼)을 꺼리지 않는데, 식상(食傷)이 있어서 비겁(比刼)을 인화하기 때문이다.

1)이 명조는 결코 신왕(身旺)하지 않다.

財格之貴局不一, 有財旺生官者, 身强而不透傷官, 不混七殺, 貴格也.

재격(財格)의 귀격(貴格)은 한결같지 않다.

재왕생관(財旺生官)하는 경우가 있는데,
신강(身强)하고 상관(傷官)이 투출하지 않으며 칠살(七殺)이 섞이지 않았으면 귀격(貴格)이다.

서락오평주(徐樂吾評註)
재왕생관(財旺生官)이라는 것은 '용신이 정관(正官)에 있다'는 것이니, 고로 상관(傷官)이 투출하지 않고 칠살(七殺)이 섞이지 않아야 아름답다.

만약 재(財)가 용신이면 마땅히 상관(傷官)이 재성(財星)을 생기(生起)하여야 기쁘다.

가령 己巳·癸酉·丙寅·庚寅은 재왕생관격(財旺生官格)인데, 용신이 재(財)에 있다.

비록 기토상관(己土傷官)이 투출하였다고 할지라도 巳酉가 공합(拱合)하여 己土가 金에 설기(洩氣)되니, 상관(傷官)이 생재(生財)하고 재(財)가 생관(生官)한다.

더욱 기쁜 것은 관성(官星)이 재지(財地)에 임하여 기토상관(己土傷官)을 꺼리지 않으니 명리양전(名利兩全)하였다.

庚 丙 癸 己
寅 寅 酉 巳
丙丁戊己庚辛壬
寅卯辰巳午未申

이 명조는 재자약살격(財滋弱殺格)에 酉中辛金이 용신이다.

有財用食生者, 身強而不露官, 略帶一位比刦, 益覺有情, 如壬寅壬寅庚辰辛巳, 楊侍郞之命是也, 透官身弱, 則格壞矣.

재격(財格)이 용식신(用食神)하는 경우가 있는데, 신강(身强)하고 정관(正官)이 투출하지 않아야 한다.

하나의 비겁(比刦)을 조금 대동하고 있으면 더욱 유정(有情)한데, 가령 壬寅 · 壬寅 · 庚辰 · 辛巳라는 양(楊) 시랑(侍郞)의 명조가 이것이다.

정관(正官)이 투출하고 신약(身弱)하면 격(格)이 깨어진다.

辛 庚 壬 壬
巳 辰 寅 寅
己戊丁丙乙甲癸
酉申未午巳辰卯

이 명조는 진상관용인격(眞傷官用印格), 살인상생격(殺印相生格)에 辰中戊土가 용신이다.

서락오평주(徐樂吾評註)

식신생재격(食神生財格)은 용신이 식신(食神)에 있으니, 고로 관성(官星)이 나타나지 않아야 귀하다.[1]

비겁(比刦)은 식상(食傷)을 생기(生起)하니 더욱 유정(有情)한데, 만약 재(財)가 용신이면 어찌 비겁(比刦)이 마땅할 것인가?

[1] 신왕(身旺)하여 식신생재격(食神生財格)이면 재(財)가 용신이니 관운(官運)을 기뻐한다.

양(楊) 시랑(侍郎)의 명조는 庚金이 인수(印綬)에 앉아 있고 壬水가 설수(洩秀)한다.

춘목(春木)은 맹동(萌動)하니 水의 배양에 의지하는데 수기(秀氣)가 유통(流通)하고, 寅巳에 火가 있어서 기상(氣象)이 따뜻하니 木이 자양(滋養)을 얻었다.

만약 丙火가 투출하였으면 마땅히 용관(用官)하여야 하고, 식신생재(食神生財)로 취용할 수 없다.

有財格佩印者, 蓋孤財不貴, 佩印幇身, 卽以取貴, 如乙未甲申丙申庚寅, 曾參政之命是也, 然財印不宜相並, 如乙未己卯庚寅辛巳, 乙與己兩不相能, 卽有好處, 小富而已.

재격(財格)이 패인(佩印)하는 경우가 있다.

①고재(孤財)*는 귀하지 못하는데, 패인(佩印)하여 방신(幇身)하면 즉 귀(貴)를 취하게 된다.
가령 乙未·甲申·丙申·庚寅이라는 증(曾) 참정(參政)의 명조가 이것이다.

*고재(孤財): 보좌하는 것이 없는 외로운 재(財).

②그러나 재(財)와 인수(印綬)가 나란히 있으면 마땅하지 않다.
가령 乙未·己卯·庚寅·辛巳인데,
乙木과 己土가 서로 가까이할 수 없으니 설령 호처(好處)가 있다고 할지라도 소부(小富)일 뿐이었다.

```
庚 丙 甲 乙           辛 庚 己 乙
寅 申 申 未           巳 寅 卯 未
丁戊己庚辛壬癸        壬癸甲乙丙丁戊
丑寅卯辰巳午未        申酉戌亥子丑寅
```

왼쪽 명조는 득비이재격(得比理財格)에 乙木이 용신이고, 오른쪽 명조는 종살용재격(從殺用財格)이다.

서락오평주(徐樂吾評註)

재인(財印)을 병용(並用)하는 것은 가장 취하기 어려운데,

정관격(正官格)에서의 재인병용(財印並用)은 용신이 정관(正官)에 있는 것에 비할 수 없다.

패인(佩印)하고자 하면 반드시 신약(身弱)하여야 하는데, 사주에 달리 취할 만한 것이 없으면 재(財)와 인수(印綬)가 다툰다고 할지라도 부득이 용인(用印)한다.

그러나 재인(財印)이 쌍청(雙淸)하고 떨어져 있어서 서로 장애가 되지 않으면 왕왕 부귀(富貴)하는데, 패인(佩印)하면 바로 귀할 조짐이라는 것은 아니다.

인수(印綬)가 없으면 재다신약(財多身弱)이고, 다시 관살(官殺)이 나타났으면 기명종살(棄命從殺)이다.

신약(身弱)이 인수(印綬)를 얻었으면 용신이 인수(印綬)에 있으니 관살운(官殺運)으로 행하는 것이 가장 아름답다.[1]

재(財)를 설기(洩氣)하고 또한 인수(印綬)를 생할 수 있기 때문인데, 또한 화해지법(和解之法)이다.

1) 신약(身弱)이 인수(印綬)를 얻었으면 인수운(印綬運)이 가장 아름답다.

증(曾) 참정(參政)의 명조는 甲乙이 寅에 통근하였고 재인(財印)이 쌍청(雙淸)하니 아름다웠다.

최근에 癸巳·壬戌·乙巳·戊寅이라는 한 명조를 보았는데, 역시 재인쌍청(財印雙淸)이다.

중간에 乙木이 가로막고 있으니 서로 장애가 되지 않고, 壬癸가 비록 통근하지 않았다고 할지라도 진기(進氣)인데, 상관(傷官)이 왕하여 토조목고(土燥木枯)하니 용인(用印)하지 않으면 아니 된다.

위인이 극히 총명하였고, 조년에 음비(蔭庇)를 향유하였으며, 출사(出仕)하여서는 전성공로국장(全省公路局長)이었다.

戊運 亥年 亥月 申日 申時에 세상을 떠났는데, 재(財)가 인수(印綬)를 극하고 또한 사충(四沖)을 구비하였기 때문이다.

또 하나의 명조는 癸酉 · 癸亥 · 戊子 · 丁巳인데, 재인(財印)이 쌍청(雙淸)하여 서로가 장애가 되지 않고 시(時)에서 귀록(歸祿)을 만났다.

비겁운(比刦運)으로 행하여 수백만의 재물을 일으키고 절강(浙江)의 거상(鉅商)이 되었는데, 비겁(比刦)이 인수(印綬)를 호위하고 재(財)를 나누는 용신이기 때문이다.

```
戊 乙 壬 癸            丁 戊 癸 癸
寅 巳 戌 巳            巳 子 亥 酉
乙丙丁戊己庚辛         丙丁戊己庚辛壬
卯辰巳午未申酉         辰巳午未申酉戌
```

왼쪽 명조는 아우생아종재격(兒又生兒從財格)이고, 오른쪽 명조는 재다신약격(財多身弱格)에 丁火가 용신이다.

有用食而兼用印者, 食與印兩不相礙, 或有暗官而去食護官, 皆貴格也, 如吳榜眼命, 庚戌戊子戊子丙辰, 庚與丙隔兩戊而不相剋, 是食與印不相礙也, 如平江伯命, 壬辰乙巳癸巳辛酉, 雖食印相剋, 而卻存巳中戊官, 是去食護官也, 反是則減福矣.

용식신(用食神)하는데 겸하여 용인수(用印綬)하는 경우가 있다.
식신(食神)과 인수(印綬)가 서로 장애가 되지 않거나,
혹은 정관(正官)이 암장하여 있는데 식신(食神)을 제거하고 정관(正官)을 호위하면 모두 귀격(貴格)이다.

①가령 오(吳) 방안(榜眼)*의 명조는 庚戌·戊子·戊子·丙辰인데, 庚金과 丙火를 두 개의 戊土가 가로막고 있느니 서로 극하지 않는다.
이것은 식신(食神)과 인수(印綬)가 서로 장애가 되지 않는 경우이다.

*방안(榜眼): 전시(殿試)에서 2등 합격자. 장원급제는 오두(鰲頭)라고 칭하고, 3등 급제자는 탐화(探花)라고 칭한다.

②가령 평(平) 강백(江伯)의 명조는 壬辰·乙巳·癸巳·辛酉인데,
비록 식신(食神)과 인수(印綬)가 서로 극(剋)한다고 할지라도 도리어 巳중의 무토관성(戊土官星)을 보존한다.
이것은 식신(食神)을 제거하여 정관(正官)을 호위하는 경우인데, 이와 반대이면 복(福)이 감해진다.[1]

1)정관(正官)이 없는데 인수(印綬)가 식신(食神)을 극하면 좋지 못하다는 것이다.

```
丙 戊 戊 庚      辛 癸 乙 壬
辰 子 子 戌      酉 巳 巳 辰
乙甲癸壬辛庚己   壬辛庚己戊丁丙
未午巳辰卯寅丑   子亥戌酉申未午
```

왼쪽 명조는 득비이재격(得比理財格)에 戊土가 용신이고, 오른쪽 명조는 관인상생격(官印相生格)에 辛金이 용신이다.

이 명조들이 어찌 용식신(用食神)하고 겸하여 용인수(用印綬)하는 경우인가?

서락오평주(徐樂吾評註)

이 구절은 독자(讀者)들의 이목(耳目)을 매우 어지럽힌다.

①오(吳) 방안(榜眼)의 명조는 子月에 정재(正財)가 병령(秉令)하였는데,

辰중에 을목여기(乙木餘氣)가 있으니 왕재(旺財)가 자연히 생관(生官)한다. 소위 '암관(暗官)'이다.

년상(年上)의 庚金은 한신(閑神)인데, 재(財)가 이미 왕하니 반드시 식신(食神)이 생하여야 하는 것은 아니다.

식신(食神)도 또한 암관(暗官)을 상할 수 없으니, 시상(時上)의 丙火가 식신(食神)을 제거하는 것은 부가적인 작용일 뿐이다.

子月에 수한토동(水寒土凍)한데, 어찌 생목(生木)할 수 있을 것인가?

丙火가 따뜻하게 하여야 水가 활동을 얻고 木에 생기(生機)가 있다. 이에 조후(調候)가 급하니 丙火가 용신이다.

설령 식신(食神)이 없다고 할지라도 또한 마땅히 용인(用印)하여야 하는데, 어찌 서로 장애가 되지 않아서 용인(用印)할 것인가?

②평(平) 강백(江伯)의 명조는 癸水일주가 년(年)이 壬辰이고 시

(時)에서 辛酉를 만났으니, 비록 巳月에 水가 절지(絶地)에 임하였다고 할지라도 인수(印綬)가 왕하여 신강(身强)하다.[1]

乙木은 무근(無根)이고 편인(偏印)이 탈식(奪食)하니, 마땅히 파인(破印)하고 생관(生官)하는 巳중의 재(財)가 용신이다.

乙木이 생재(生財)하고 정관(正官)에 전혀 장애가 되지 않는데, 어찌 용편인(用偏印)하여 식신(食神)을 제거하고 정관(正官)을 호위할 것인가?

[1] 이 명조는 재(財)가 태왕(太旺)하고 극설교가(剋洩交加)이니 신약(身弱)한 명조이다.

有財用傷官者, 財不甚旺而比強, 略露一位傷官以化之, 如甲子辛未辛酉壬辰, 甲透未庫, 逢辛爲刧, 壬以化刧生財, 汪學士命是也, 財旺無刧而透傷, 反爲不利, 蓋傷官本非美物, 財輕透刧, 不得已而用之, 旺而露傷, 何若用彼, 徒使財遇傷而死生官之具, 安望富貴乎.

재격(財格)이 <u>용상관(用傷官)</u>하는 경우가 있다.

①재(財)가 심하게 왕하지는 않고 비겁(比刧)이 강(強)한데, 하나의 상관(傷官)이 나타나서 인화하는 경우이다.
가령 甲子·辛未·辛酉·壬辰은 甲木이 미고(未庫)에서 투출하였으나 辛金이라는 비겁(比刧)을 만났는데, 壬水가 비겁(比刧)을 인화하고 생재(生財)한다.
왕(汪) 학사(學士)의 명조이다.

```
壬 辛 辛 甲
辰 酉 未 子
戊丁丙乙甲癸壬
寅丑子亥戌酉申
```
이 명조는 식신생재격(食神生財格)에 甲木이 용신이다.

②재(財)가 왕하고 겁재(刧財)가 없는데, 상관(傷官)이 투출하였으면 도리어 불리하다.
상관(傷官)은 본디는 좋은 것이 아니나, 재(財)가 약한데 겁재(刧財)가 투출하였으면 부득이 용상관(用傷官)한다.
재(財)가 왕한데도 상관(傷官)이 투출하였으면 어찌 굳이 용상관(用傷官)할 것인가?

부질없이 재(財)가 상관(傷官)을 만나서 생관(生官)하는 도구를 죽이는데, 어찌 부귀(富貴)를 바랄 것인가?

서락오평주(徐樂吾評註)
이 구절의 의론(議論)도 또한 마땅하지 않은 점이 있다.

①비겁(比刦)이 왕하고 재(財)가 약(弱)하면 마땅히 식상(食傷)이 생재(生財)하여야 아름답다.
재관인식(財官印食)은 오행생극(五行生剋)의 대명사에 불과하고, 관성(官星)을 극하니 이름하여 상관(傷官)일 뿐이다.
용상관(用傷官)하는 경우에도 부귀(富貴)하는 명조가 적지 않은데, 어찌 명사(名詞)가 나쁘다고 미워할 것인가?

왕(汪) 학사(學士)의 명조는 비겁(比刦)이 진실로 왕(旺)하나,
未月에 생하여 土가 건조하고 金이 취약하니 水로 촉촉하게 하는 것이 필요한데, 역시 조후(調候)한다는 뜻이다.
재차 金을 설수(洩秀)하여 비겁(比刦)을 인화하고 생재(生財)하니 마땅히 상관(傷官)이 용신이다.[1]
1)식상(食傷)이 있어서 격국이 청할 뿐이고, 용신은 마땅히 재(財)이다.

②재(財)가 왕(旺)하고 겁재(刦財)가 없는데 상관(傷官)이 투출하였으면 반드시 패인(佩印)하여야 한다.
만약 비겁(比刦)이 없고 또한 인수(印綬)도 없으면 재다신약(財多身弱)인데, 어찌 부귀를 바랄 것인가?[2]
소위 '생관(生官)하는 도구를 죽인다'고 말한 것은 옛날에 만들어진 당치도 않는 말일뿐이다.
2)비겁(比刦)이 없고 또한 인수(印綬)도 없으면 아우생아종재격(兒又生兒從財格)이다.

有財帶七殺者, 或合殺存財, 或制殺生財, 皆貴格也,
如毛壯元命, 乙酉庚辰甲午戊辰, 合殺存財也, 李御史命,
庚辰戊子戊寅甲寅, 制殺生財也.

재격(財格)이 칠살(七殺)을 대동하고 있는 경우가 있다.

합살(合殺)하고 재(財)만 남아 있거나, 혹은 제살(制殺)하고 생재(生財)하면 모두 귀격(貴格)이다.

①가령 모(毛) 장원(狀元)의 명조는 乙酉·庚辰·甲午·戊辰인데, 합살존재(合殺存財)이다.
②이(李) 어사(御史)의 명조는 庚辰·戊子·戊寅·甲寅인데, 제살생재(制殺生財)이다.

戊	甲	庚	乙
辰	午	辰	酉
癸	甲乙丙丁	戊己	
酉戌亥子	丑寅卯		

| 甲 | 戊 | 戊 | 庚 |
| 寅 | 寅 | 子 | 辰 |
| 乙甲癸壬辛庚己 |
| 未午巳辰卯寅丑 |

왼쪽 명조는 가종살용재격(假從殺用財格)이고, 오른쪽 명조는 식신제살격(食神制殺格)에 庚金이 용신이다.

서락오평주(徐樂吾評註)
①모(毛) 장원(狀元)의 명조는 乙庚이 합하나 칠살(七殺)이 여전히 머물러있고, 辰酉가 합하여 재(財)가 칠살(七殺)로 변하였으니, 합살존재(合殺存財)라고 말하는 것은 의미에 있어서 매우 마땅하지 않다.
甲木이 辰月에 생하였는데, 木의 여기(餘氣)이고 火의 진기(進氣)

이며 金이 휴수(休囚)하는 시기이다.

丁火가 위세를 드날리면서 제살(制殺)하는 용신인데, 己卯 戊寅 丁丑 丙子運에 제살(制殺)하고 방신(幇身)하니 귀하게 되었다.

어찌 합살존재(合殺存財)라는 의미인가?

②이(李) 어사(御史)의 명조는 일주(日主)와 칠살(七殺)이 모두 왕하니, 제살(制殺)하는 식신(食神)이 용신이다.

더욱 기쁜 것은 토금수목(土金水木)이 상생(相生)하고 상제(相制)하여 한결같이 기(氣)가 유통(流通)한다.

제살(制殺)하고 생재(生財)하니 확실히 귀할 조짐인데, 다만 재(財)가 용신이 아닐 뿐이다.

有財用殺印者, 黨殺爲忌, 印以化之, 格成富局, 若冬土逢之亦貴格, 如趙侍郞命, 乙丑丁亥己亥乙亥, 化殺而卽以解凍, 又不露財以雜其印, 所以貴也, 若財用殺印而印獨, 財殺並透, 非特不貴亦不富也.

재격(財格)이 용살인(用殺印)하는 경우가 있다.
칠살(七殺)을 돕는 것은 꺼리는데, 인수(印綬)가 인화하면 부격(富格)을 이룬다.

만약 동토(冬土)가 만났으면 또한 귀격(貴格)인데, 가령 조(趙)시랑(侍郞)의 명조는 乙丑·丁亥·己亥·乙亥이다.
칠살(七殺)을 인화하고 나아가 해동(解凍)하는데, 또한 재(財)가 투출하지 않았으니 인수(印綬)를 극하지 않는다. 이에 귀하였다.

만약 재격(財格)이 용살인(用殺印)하는데,
인수(印綬)가 하나이고 재살(財殺)이 병투(並透)하였으면 귀하지 못할 뿐만이 아니고 또한 부유하지도 못한다.

乙 己 丁 乙
亥 亥 亥 丑
庚辛壬癸甲乙丙
辰巳午未申酉戌

이 명조는 丑土가 水의 방국(方局)을 이루었고 丁火가 무근(無根)이니, 이에 가종살용재격(假從殺用財格)이다.

서락오평주(徐樂吾評註)

조(趙) 시랑(侍郞)의 명조는 재(財)가 지지에 있어서 파인(破印)하지 않는데, 丁火가 칠살(七殺)을 인화하고 해동(解凍)하니 진실로 부귀하는 명조이다.

다만 그 추뉴(樞紐)는 인수(印綬)에 있으니, 용신은 인수(印綬)이고 재(財)가 아니다.

만약 재(財)가 투출하였으면 칠살(七殺)을 돕고 파인(破印)하는데, 어찌 부귀를 바랄 것인가?

至於壬生午月, 癸生巳月, 單透財而亦貴, 以月令有暗官也, 如丙寅癸巳癸未壬戌, 林尙書命是也, 又壬生巳月, 單透財而亦貴, 以其透丙藏戊, 棄殺就財, 美者存而憎者棄也, 如丙辰癸巳壬戌壬寅, 王太僕命是也.

①壬水가 午月에 생하였거나, 癸水가 巳月에 생하였으면 단지 재(財)만 투출하여도 또한 귀하게 되는데, 월령에 암관(暗官)이 있기 때문이다.

가령 丙寅・癸巳・癸未・壬戌이라는 임(林) 상서(尙書)의 명조가 이것이다.

②壬水가 巳月에 생하였는데 단지 재(財)만 투출하여도 또한 귀하게 된다.

丙火가 투출하고 戊土는 암장하고 있으니 칠살(七殺)을 버리고 재(財)를 취하는데, 좋은 것은 보존하고 나쁜 것은 버린다.

가령 丙辰・癸巳・壬戌・壬寅이라는 왕(王) 태복(太僕)*의 명조가 이것이다.

*태복(太僕): 여마(輿馬)와 목축(牧畜)의 일을 맡던 벼슬.

```
壬 癸 癸 丙        壬 壬 癸 丙
戌 未 巳 寅        寅 戌 巳 辰
庚己戊丁丙乙甲    庚己戊丁丙乙甲
子亥戌酉申未午    子亥戌酉申未午
```
왼쪽 명조는 종살용재격(從殺用財格)이고, 오른쪽 명조도 종살용재격(從殺用財格)이다.

서락오평주(徐樂吾評註)

위의 두 명조는 진실로 단독으로 용재(用財)하는 것인데, 巳月에 丙火가 투출하여 진신(眞神)이 득용(得用)하였으니 마땅히 귀하였다.

다만 壬癸의 뿌리가 얕아서 방신(幇身)하는 운을 기뻐하는데, 중년이후에 운이 서북(西北)으로 행하니 체용(體用)이 마땅함을 얻었다.

조년(早年)인 甲午 乙未가 모두 마땅하지 않은 것은 두 사람이 똑같다.

만약 '암관(暗官)으로 인하여 귀하였다'고 말한다면 재관운(財官運)이 마땅할 것이고,

'칠살(七殺)을 버려서 귀하였다'고 말한다면 칠살(七殺)은 본디 아직까지 버려진 적이 없으니, 이론이 원만하지 않은 것 같다.

至於刧刃太重, 棄財就殺, 如一尚書命, 丙辰丙申丙午 壬辰, 此變之又變者也.

겁인(刧刃)이 태중(太重)하면 재(財)를 버리고 칠살(七殺)을 취한다.

가령 한 상서(尙書)의 명조는 丙申・丙申・丙午・壬辰인데, 이것은 변화하고 다시 변화한 것이다.

壬 丙 丙 丙
辰 午 申 辰
癸壬辛庚己戊丁
卯寅丑子亥戌酉

이 명조는 극설(剋洩)이 심하고 申月에는 火가 퇴기(退氣)하여 신약(身弱)하니, 이에 살인상정격(殺刃相停格)에 午中丁火가 용신이다.

서락오평주(徐樂吾評註)
이 명조는 일원이 양인(陽刃)에 앉아 있는데, 칠살(七殺)이 투출하고 양인(陽刃)이 암장하고 있으니 신강적살(身强敵殺)이다.
비록 추수통원(秋水通源)하였다고 할지라도 일주가 더욱 왕한데,
만약 겁인(刧刃)이 중첩(重疊)하면서 방부(幇扶)하지 않았으면 본디 용살(用殺)할 수 없었을 것이다.
더하여 중년의 운정이 서북(西北)이니, 칠살(七殺)이 변하여 권세가 되었다.
재(財)가 칠살(七殺)을 좇아서 변하였으니 마땅히 편관격(偏官格)에 귀속시켜야 하나 지금 재격(財格)에서 논하였는데, 진실로 변하고 다시 변한 것이다.

제34장
재격(財格)의 취운(取運)을 논함

　財格取運, 卽以財格所就之局, 分而配之, 其財旺生官者, 運喜身旺印綬, 不利七殺傷官, 若生官而復透印, 傷官之地, 不甚有害, 至於生官而帶食破局, 則運喜印綬而逢殺反吉矣.

　재격(財格)의 취운(取運)은 즉 재격(財格)으로 이루어진 국(局)을 나누어서 배열한다.

　재왕생관격(財旺生官格)은 신왕운(身旺運)과 인수운(印綬運)을 기뻐하고, 칠살운(七殺運)과 상관운(傷官運)은 불리하다.

　만약 재왕생관격(財旺生官格)인데 다시 인수(印綬)가 투출하였으면 상관운(傷官運)에 심하게 해가 있는 것은 아니다.

　재왕생관격(財旺生官格)을 식신(食神)이 파국(破局)하고 있으면 인수운(印綬運)을 기뻐하고 칠살운(七殺運)은 도리어 길하다.

　서락오평주(徐樂吾評註)
　재왕생관격(財旺生官格)은 정관격(正官格)과 서로 같은데, 하나는 월령이 정관(正官)이고 하나는 월령이 재(財)일 뿐이다.

　재관(財官)이 왕하고 신약(身弱)하면 신왕운(身旺運)과 인수운(印

綬運)을 기뻐하고, 재관(財官)이 약하고 신왕(身旺)하면 재관운(財官運)이 마땅하다.
  칠살(七殺)이 혼국(混局)하거나 식상(食傷)이 관성(官星)에 장애가 되는 것은 똑같이 꺼리는 바이다.

乙 戊 壬 壬
卯 午 子 申
己戊丁丙乙甲癸
未午巳辰卯寅丑

  재편(財篇)에서 논한 갈(葛) 참정(參政)의 명조이다.
  을목관성(乙木官星)이 용신인데, 월령에서 왕재(旺財)가 생관(生官)한다.
  갑운은 칠살(七殺)이 혼국(混局)하니 불리하나, 인운은 午戌이 화국(火局)을 이루어서 子午의 충(沖)을 해소하고 또한 방신(幇身)하니 좋은 운이다.
  乙卯 10년은 관성(官星)이 청(淸)하니 비록 왕하다고 할지라도 장애가 없다.
  丙辰 丁巳 戊午 己未는 모두 좋은 운이고, 오직 꺼리는 것은 금수운(金水運)일 뿐이다.
  이 명조는 가종살용재격(假從殺用財格)이다. 아마 甲寅時가 아닌가 싶다.

  만약 원국에 인수(印綬)가 투출하였으면 식상운(食傷運)으로 행하더라도 장애가 없는데, 인수(印綬)가 있으면 회극(回剋)하고 정관(正官)을 호위하는 까닭이다.

만약 원국에 식상(食傷)이 있으면 관성(官星)에 병(病)이 있는 것인데,

인수운(印綬運)으로 행하여 식상(食傷)을 극제하면 병(病)을 제거하는 약(藥)이니 가장 좋은 운이다.

'칠살운(七殺運)이 도리어 길하다'는 것은 식상(食傷)의 회극(回剋)이 있기 때문에 해가 되지 않는다는 것일 뿐이고, 좋은 운이라고 인정하는 것은 아니다.

財用食生, 財食重而身輕, 則喜助身, 財食輕而身重, 則仍行財食, 殺運不忌, 官印反晦矣.

재격(財格)이 용식신(用食神)하는 경우에 재(財)와 식신(食神)이 강하고 신약(身弱)하면 일주를 돕는 운을 기뻐한다.

재(財)와 식신(食神)이 약하고 신왕(身旺)하면 여전히 재운(財運)과 식신운(食神運)으로 행하여야 하고,
칠살운(七殺運)은 꺼리지 않으나, 관인운(官印運)은 도리어 좋지 않다.[1]

[1] 신왕(身旺)하면 관운(官運)이 좋은 운이다.

서락오평주(徐樂吾評註)

'재격(財格)이 용식신(用食神)한다'는 것은 즉 식신생재격(食神生財格)이다.

다만 재(財)가 월령(月令)에 있으니 고로 '재용식생(財用食生)'이라고 말하는데,

역시 신약(身弱)과 신강(身强)이라는 두 구절로 나누어야 한다.

신약(身弱)하면 마땅히 일주를 도와야 하고, 신강(身强)하면 재운(財運)과 식신운(食神運)이 마땅하다.

辛 庚 壬 壬
巳 辰 寅 寅
戊丁丙乙甲癸
申未午巳辰卯

이것은 재편(財篇)에서 논한 양(楊) 시랑(侍郞)의 명조인데, 식신생재격(食神生財格)이다.
일원과 재식(財食)이 서로 균등하니 식상운(食傷運)과 재운(財運)이 아름다운데, 가령 癸卯 甲辰 乙巳가 이것이다.
칠살운(七殺運)인 丙火는 꺼리지 않으니,
식상(食傷)의 회극(回剋)이 있고 또한 국(局)을 따뜻하게 하기 때문인데, 춘초(春初)의 水木은 火를 얻어야 발영(發榮)한다.
어찌하여 관인운(官印運)은 도리어 좋지 않은가?
정화관성(丁火官星)은 용신인 壬水를 합하고, 무토인수(戊土印綬)는 壬水를 극제하여 용신이 피상(被傷)되니, 고로 도리어 좋지 않다.
이 명조는 진상관용인격(眞傷官用印格), 살인상생격(殺印相生格)에 辰中戊土가 용신이다.
고로 지지의 화운(火運)과 토금운(土金運)이 좋고, 천간의 화운(火運)과 수목운(水木運)은 좋지 않다.

財格佩印, 運喜官鄉, 身弱逢之, 最喜印旺.

재격(財格)이 패인(佩印)하였으면 관운(官運)을 기뻐하는데, 신약(身弱)하면 인왕운(印旺運)을 가장 기뻐한다.

서락오평주(徐樂吾評註)

재격패인(財格佩印)에서 가장 중요한 조건은 즉 재(財)와 인수(印綬)가 서로 장애가 되지 않는 것이다.

가령 재편(財篇)에서 논한 증(曾) 참정(參政)의 명조이다.

```
庚 丙 甲 乙
寅 申 申 未
丁戊己庚辛壬癸
丑寅卯辰巳午未
```

寅중에 丙火가 장생(長生)하고 甲木이 득록(得祿)하였으며, 庚金은 申에 득록(得祿)하였다.

甲木과 庚金이 병투(並透)하였으나, 丙火가 가로막으니 재(財)와 인수(印綬)가 서로 장애가 되지 않는다.

그러나 결국은 꺼리게도 신약(身弱)하고 인수(印綬)가 약한데, 庚金이 병령(秉令)하여 왕하니 고로 방신(幇身)하는 운이 아름답다. 이에 인왕운(印旺運)을 가장 기뻐한다.

그러나 어찌하여 또한 관살운(官殺運)을 기뻐하는가?

재(財)가 생관(生官)하더라도 관성(官星)이 인수(印綬)를 생하기 때문인데, 역시 통관(通關)한다는 뜻이다.

이 명조는 득비이재격(得比理財格)에 乙木이 용신이니, 수목화운(水木火運)이 길하고 토금운(土金運)은 불리하다.

재인(財印)이 병투(並透)하였으면 장애가 없는 것이 조건인데, 가령 아래의 명조는 재(財)와 인수(印綬)가 서로 장애가 된다.

辛 庚 己 乙
巳 寅 卯 未
癸甲乙丙丁戊
酉戌亥子丑寅

을목재성(乙木財星)과 기토인수(己土印綬)가 병투(並透)하였는데, 서로 나란히 있으니 재(財)가 인수(印綬)를 극한다.
　경금일원이 약(弱)하여 마땅히 비겁(比刼)이 용신이니, 부신(扶身)하는 겁재운(刼財運)이 아름답고 인수운(印綬運)도 또한 좋다.
　관살운(官殺運)은 행할 수 있으나, 식상운(食傷運)과 재운(財運)은 마땅하지 않다.
　비록 사주의 격국(格局)이 청(淸)하니 상당한 성취가 있다고 할지라도, 소부(小富)에 불과할 뿐이고 귀할 수는 없다.
이 명조는 가종살용재격(假從殺用財格)이니, 수목화운(水木火運)이 길하고 토금운(土金運)은 불리하다.

財用食印, 財輕則喜財食, 身輕則喜比印, 官運亦礙, 殺反不忌也.

재격(財格)이 용식신(用食神)하면서 용인수(用印綬)하는 경우에 신왕(身旺)하고 재(財)가 약하면 재운(財運)과 식신운(食神運)을 기뻐한다.

신약(身弱)하면 비겁운(比刦運)과 인수운(印綬運)을 기뻐하는데, 정관운(正官運)은 역시 장애가 있으나 칠살운(七殺運)은 도리어 꺼리지 않는다.[1]

[1] 신약(身弱)한데 칠살운(七殺運)을 어찌 꺼리지 않을 것인가? 인수(印綬)가 있어서 꺼리지 않는다면 정관운(正官運)에 어찌 장애가 있을 것인가? 서로 모순된다.

서락오평주(徐樂吾評註)

'재격(財格)이 용식신(用食神)하면서 용인수(用印綬)한다'는 것은 '월령이 재성(財星)인데 천간에 식신(食神)과 인수(印綬)가 투출하였다'는 것이다.

그러나 또한 반드시 사주의 배합(配合)을 살펴보아야 하는데, 가령 재편(財篇)에서 논한 오(吳) 방안(榜眼)의 명조이다.

丙 戊 戊 庚
辰 子 子 戌
乙甲癸壬辛庚己
未午巳辰卯寅丑

월령에서 재(財)가 왕(旺)한데,
庚金이 년(年)에 있고 丙火가 시(時)에 있어서 식신(食神)과 인수(印綬)가 멀리 떨어져 있으니 서로 장애가 되지 않는다.
그 추뉴(樞紐)는 시상(時上)의 丙火에 있는데,
재(財)는 지지에 있고 인수(印綬)가 투출하여 재인(財印)이 서로 장애가 되지 않으니 귀하게 되었다.
년상(年上)의 庚金은 경중(輕重)에 있어서 가치가 없고, 戊土가 신약(身弱)하니 비겁운(比刦運)과 인수운(印綬運)을 기뻐한다.
어찌하여 정관운(正官運)은 장애가 있으나, 칠살운(七殺運)은 꺼리지 않는가?
정관운(正官運)은 乙運인데 乙庚이 합화(合化)하여 식신(食神)으로 변하고 재세(財勢)를 도우나,[1] 칠살운(七殺運)은 甲運인데 丙火를 생조한다.
庚寅 辛卯는 金이 통근하지 않고 木이 화세(火勢)를 도우니 마땅히 좋은 운이다.
壬辰에는 丙火가 손상을 받고 子辰이 회국(會局)하니 아마 귀하였으나 장수하지는 못하였을 것이다.

1)乙庚이 합화(合化)하여 식신(食神)으로 변하지 못한다. 인수(印綬)가 용신이면 마땅히 정관운(正官運)은 좋은 운이다.

이 명조는 득비이재격(得比理財格)에 戊土가 용신인데, 丙火가 투출하였으니 관살운(官殺運)을 꺼리지 않는다.

辛 癸 乙 壬
酉 巳 巳 辰
壬辛庚己戊丁丙
子亥戌酉申未午

　재편(財篇)에서 논한 평(平) 강백(江伯)의 명조이다.
　비록 식신(食神)과 인수(印綬)가 병투(並透)하였다고 할지라도 식신(食神)이 무근(無根)이다.
　癸水일원이 비록 휴수(休囚)하다고 할지라도 인수(印綬)가 왕한데, 巳酉와 辰酉가 모두 합(合)하여 金으로 변한 까닭이다.
　巳중에 丙火와 戊土가 득록(得祿)하였는데, 관성(官星)이 재(財)의 생을 얻었고 천을귀인(天乙貴人,巳)이 도우니, 비록 인수(印綬)가 식신(食神)을 극한다고 할지라도 전혀 그 귀기(貴氣)를 손상하지 않는다.
　소위 '재(財)가 경(輕)하면 재운(財運)을 기뻐한다'는 것인데,
　식신운(食神運)은 생재(生財)하니 역시 좋고 정관운(正官運)은 더욱 아름답다.
　申酉 庚辛은 인수(印綬)가 신왕(身旺)을 도우니 도리어 좋지 않다.
　이것은 암재관격(暗財官格)인데, 인수(印綬)가 식신(食神)을 제거하는 것은 부가적인 작용일 뿐이다.
　이 명조는 신약(身弱)하니 관인상생격(官印相生格)에 辛金이 용신이다.
　토금수운(土金水運)이 길하고 목화운(木火運)은 불리하다.

財帶傷官, 財運則亨, 殺運不利, 運行官印, 未見其美矣.

재격(財格)이 상관(傷官)을 대동하고 있으면 재운(財運)에 형통하고, 칠살운(七殺運)은 불리하다.
운이 관인운(官印運)으로 행하면 아름다움이 나타나지 않는다.

서락오평주(徐樂吾評註)
재격(財格)이 상관(傷官)을 대동하고 있는 격국에서 인수(印綬)가 있거나 비겁(比刦)이 있어서 신강(身强)하면 상관생재(傷官生財)로 취용하고, 신약(身弱)하면 방신(幇身)하는 것이 길하다.
반드시 사주의 배합(配合)을 살펴보되, 하나의 예를 고집하여서는 아니 된다. 가령,

壬 辛 辛 甲
辰 酉 未 子
戊丁丙乙甲癸壬
寅丑子亥戌酉申

재편(財篇)에서 논한 왕(汪) 학사(學士)의 명조인데, 비겁(比刦)을 인화하는 상관(傷官)이 용신이다.
辰酉가 합금(合金)하였으나 未月에 생하여 土가 건조하고 金이 취약한데, 子未가 비록 육해(六害)라고 할지라도 윤토생금(潤土生金)하니 아름답지 않을 수 없다.
겸하여 생재(生財)하니, 고로 이 명조의 용신은 상관(傷官)인데, 실은 조후(調候)와 통관(通關)을 겸한다는 뜻이다.

재운(財運)이 가장 좋고, 식상운(食傷運)도 또한 아름다우며, 비겁운(比刦運)도 역시 행할 수 있다.
　정화칠살(丁火七殺)은 임수상관(壬水傷官)을 합거(合去)하니 가장 마땅하지 않다.
　병화정관(丙火正官)은 辛金을 합하고, 인수운(印綬運)은 상관(傷官)을 극제하니, 모두 용신을 깨트리는 것이고 마땅한 바가 아니다.
　이 명조는 식신생재격(食神生財格)에 甲木이 용신이다. 이에 수목화운(水木火運)이 좋고 토금운(土金運)은 마땅하지 않다.
　丙丁運은 기신(忌神)을 극하는데 어찌 좋지 않을 것인가?

財帶七殺, 不論合殺制殺, 運喜食傷身旺之方.

재격(財格)이 칠살(七殺)을 대동하고 있으면 합살(合殺)과 제살(制殺)을 논하지 않고 식상운(食傷運)과 신왕운(身旺運)을 기뻐한다.

서락오평주(徐樂吾評註)
재격(財格)에 칠살(七殺)이 있는데,
가령 칠살(七殺)이 합거(合去)되지 않았거나, 혹 제거(制去)되지 않았으면 마땅히 칠살(七殺)이 중요하니, 재(財)를 재론(再論)하는 것은 마땅하지 않다.
가령 재편(財篇)에서 논한 모(毛) 장원(狀元)의 명조인데, 소위 '합살존재(合殺存財)'이다.

戊 甲 庚 乙
辰 午 辰 酉
癸甲乙丙丁戊己
酉戌亥子丑寅卯

천간의 乙木이 庚金을 좇아 화(化)하였고, 지지의 辰이 酉를 합하여 오며, 재(財)가 생하여 칠살(七殺)이 왕하니 마땅히 제살(制殺)하는 午중의 丁火가 용신이다.
재(財)는 당살(黨殺)하여 일주를 공격하는데, 어찌 용신이 될 수 있을 것인가?
기쁘게도 辰月에 생하였고 다시 辰時이니 甲木의 여기(餘氣)가 여전히 존재하는데,
그러나 결국은 꺼리게도 신약(身弱)이니 신왕운(身旺運)인 寅卯와

제살운(制殺運)인 丙丁으로 행할 때에 마땅히 귀하였을 것이다.

乙亥 甲運에는 또한 방신(幇身)하여 일주를 돕는데, 子運에는 午를 충하니 아마 죽음에서 벗어나 겨우 살아났을 것이다.

비록 子辰이 회국(會局)을 이룬다고 할지라도 필시 쉽게 해결할 수는 없었을 것이다.

신약(身弱)하면 인수운(印綬運)이 마땅하나, 제살격(制殺格)에서는 인수운(印綬運)이 마땅하지 않는데 식상(食傷)을 극제하기 때문이다.

이 명조는 가종살용재격(假從殺用財格)이니, 화토금운(火土金運)이 좋고 수목운(水木運)은 마땅하지 않다.

丁卯時라면 상관적살격(傷官敵殺格)에 丁火가 용신이다.

또한 재편(財篇)에서 논한 이(李) 어사(御史)의 명조인데, 소위 '제살존재(制殺存財)'이다.

甲 戊 戊 庚
寅 寅 子 辰
乙甲癸壬辛庚己
未午巳辰卯寅丑

　戊寅일주가 좌하(坐下)에서 장생(長生)하고 천간에서 비겁(比刦)을 얻어 신왕(身旺)하니 제살(制殺)하는 식신(食神)이 용신이고, 재(財)는 식신(食神)을 덜어내고 생살(生殺)하니 용신이 될 수 없다.
　子辰이 회국(會局)을 이루어서 토금수목(土金水木)의 기(氣)가 한결같이 유통하니 확실히 귀할 조짐이다.
　식상운(食傷運)과 신왕운(身旺運)은 확실히 좋고, 인수운(印綬運)도 또한 길하나 다만 지지로 행하되 천간으로 행하여서는 아니 된다.
　丙火가 나타나면 庚金을 극거(剋去)하니 용신을 상한다.
　이 명조는 식신제살격(食神制殺格)에 庚金이 용신이다.
　토금운(土金運)이 길하고 수목운(水木運)은 불리하며, 천간의 화운(火運)은 불리하나 지지의 화운(火運)은 길하다.

財用殺印, 印旺最宜, 逢財必忌, 食傷之方, 亦任意矣.

재격(財格)이 용살인(用殺印)하면 인왕운(印旺運)이 가장 마땅하고, 재운(財運)은 반드시 꺼리며, 식상운(食傷運)은 그때그때 다르다.

서락오평주(徐樂吾評註)
월령이 재성(財星)인데, 살인(殺印)이 투출하였으면 칠살(七殺)을 인화하는 인수(印綬)가 용신이다.
재(財)가 생하여 칠살(七殺)이 왕하면 단지 칠살격(七殺格)으로 논하고, 재격(財格)으로 논하지 않는다.
인수(印綬)가 용신이니 고로 인왕운(印旺運)이 가장 마땅하고, 재운(財運)은 파인(破印)하니 반드시 꺼리며, 식상운(食傷運)의 의기(宜忌)는 반드시 사주의 배합(配合)을 살펴보아야 한다.

```
乙 己 丁 乙
亥 亥 亥 丑
庚辛壬癸甲乙丙
辰巳午未申酉戌
```

재편(財篇)에서 논한 조(趙) 시랑(侍郞)의 명조이다.

 기쁘게도 재(財)가 지지에 있고 투출하지 않았는데, 천간에서 살인(殺印)이 상생(相生)하니 칠살(七殺)을 인화하는 인수(印綬)가 용신이다.

 甲乙運은 관살(官殺)이 인수(印綬)를 생하니 매우 좋고,

 申酉運은 비록 식상(食傷)이 생재(生財)하여 당살(黨殺)한다고 할지라도 원국(原局)에 칠살(七殺)을 인화하는 인수(印綬)가 있으니, 비록 길운(吉運)은 아니라고 할지라도 또한 장애가 없다.

 癸未運은 길하나, 壬運에는 丁火를 합하여 화살(化殺)하는 용신을 깨트리니 소위 '재운(財運)은 반드시 꺼린다'는 것이다.

 이 명조는 가종살용재격(假從殺用財格)이니, 금수목운(金水木運)이 좋고 화토운(火土運)은 불리하다.

```
壬 癸 癸 丙
戌 未 巳 寅
庚己戊丁丙乙甲
子亥戌酉申未午
```

재편(財篇)에서 논한 임(林) 상서(尙書)의 명조이다.

寅午戌이 화국(火局)인데, 午가 巳로 바뀌었으니 비록 성국(成局)하지는 않았다고 할지라도 회합(會合)하는 뜻이 있고, 未가 또한 午火를 암합(暗合)한다.

지지에서 재(財)가 왕하고 丙火가 투출하였으니 마땅히 재(財)가 용신이다.

다만 재(財)가 왕하고 신약(身弱)하니, 일주를 돕는 비겁운(比刦運)과 인수운(印綬運)을 기뻐한다.

조년(早年)인 甲午 乙未에는 반드시 곤고(困苦)하였을 것이나,

丙申이후에는 기(氣)가 서북(西北)으로 돌아가고 火가 통근하지 않으며 인수(印綬)가 득지(得地)하니 마땅히 귀하였을 것이다.

이 명조는 종살용재격(從殺用財格)이니, 목화토운(木火土運)이 아름답고 금수운(金水運)은 불리하다.

```
壬 壬 癸 丙
寅 戌 巳 辰
庚己戊丁丙乙甲
子亥戌酉申未午
```

재편(財篇)에서 논한 왕(王) 태복(太僕)의 명조인데, 임(林) 상서(尙書)의 명조와 서로 비슷하다.

비록 辰이 수고(水庫)라고 할지라도 결국은 꺼리게도 뿌리가 얕고 신약(身弱)하니, 申酉運에 이르러 발적(發跡)하는 것은 두 사람이 모두 똑같다.

이 명조는 가종살용재격(假從殺用財格)이니, 목화토운(木火土運)이 아름답고 금수운(金水運)은 불리하다.

```
壬 丙 丙 丙
辰 午 申 辰
癸壬辛庚己戊丁
卯寅丑子亥戌酉
```

丙火가 양인(陽刃)인 午火를 깔고 앉았는데, 申辰이 공합(拱合)하고 壬水가 투출하였으니 마땅히 재(財)를 버리고 용살(用殺)한다.

그러나 아름다운 곳은 전적으로 양인(陽刃)인 午火에 있는데, 신강(身强)하여야 비로소 적살(敵殺)할 수 있기 때문이다.

壬水가 申에서 장생(長生)하여 추수통원(秋水通源)하였으니 용신이 진기(進氣)이다.

운이 금수지지(金水之地)인 亥 庚子 辛丑 壬으로 행할 때에 이에 귀하였다.

재편(財篇)에서 논한 한 상서(尙書)의 명조인데,

이 명조는 마땅히 편관격(偏官格) 혹은 살인격(殺刃格)에 귀속하여야 하나, 월령의 申金이 재(財)이니 고로 재편(財篇)에서 나열하였다.

이 명조는 신약(身弱)하니 살인상정격(殺刃相停格)에 午中丁火가 용신인데, 癸巳時라면 재자약살격(財滋弱殺格)에 申中庚金이 용신이다.

제35장
인수격(印綬格)을 논함

印綬喜其生身, 正偏同爲美格, 故財與印不分偏正, 同爲一格而論之, 印綬之格局亦不一, 有印而透官者, 正官不獨取其生印, 而卽可以爲用與用殺者不同, 故身旺印强, 不愁太過, 只要官星淸純, 如丙寅戊戌辛酉戊子, 張參政之命是也.

인수(印綬)는 기쁘게도 일주를 생하니, 정인격(正印格)과 편인격(偏印格)이 똑같이 좋은 격이다.
고로 재(財)와 인수(印綬)는 편정(偏正)을 나누지 않고 똑같이 하나의 격(格)으로 논한다.

인수격(印綬格)도 또한 한결같지 않다.

인수격(印綬格)에 정관(正官)이 투출한 경우가 있는데, 정관(正官)은 단지 인수(印綬)를 생할 뿐만이 아니고 가히 용신(격국)이 될 수도 있으니, 용살(用殺)하는 것과는 같지 않다.

고로 신왕인강(身旺印强)하면 관성(官星)의 태과(太過)를 두려워하지 않고, 단지 관성(官星)이 청순(淸純)하기만 하면 된다.
가령 丙寅 · 戊戌 · 辛酉 · 戊子라는 장(張) 참정(參政)의 명조가 이것이다.

戊 辛 戊 丙
子 酉 戌 寅
乙甲癸壬辛庚己
巳辰卯寅丑子亥
이 명조는 재자약살격(財滋弱殺格)에 寅中甲木이 용신이다.

서락오평주(徐樂吾評註)
　정관(正官)과 인수(印綬) 혹 재(財)와 관성(官星) 혹 재(財)와 식신(食神)은 모두 상호간에 용신(격국)이 되니,
　단독으로 일신(一神)이 용신(격국)인 경우는 매우 적은데, 다만 행운(行運)의 희기(喜忌)에 다른 점이 있을 뿐이다.

　인수격(印綬格)에 정관(正官)이 투출한 경우에는 <u>신강(身強)</u>하면 용관(用官)하니 생관(生官)하고 파인(破印)하는 재운(財運)을 기뻐하고, <u>신약(身弱)</u>하면 용인(用印)하니 파인(破印)하는 재운(財運)을 꺼린다.
　이것은 행운(行運)의 희기(喜忌)를 취하여 이야기한 것이다.

　만약 전적으로 팔자(八字)로 논하면,
　신왕(身旺)하고 인왕(印旺)하면 관성(官星)의 태과(太過)를 두려워하지 않는데, 관성(官星)이 왕함을 기뻐하기 때문이다.
　단지 관성(官星)이 청순(淸純)하기만 하면 곧 이것은 좋은 팔자이다.

　이곳에서 인용한 장(張) 참정(參政)의 명조는 이러한 부류가 아닌 것 같다.
　丙寅·戊戌·辛酉로 火가 왕하여 土가 건조하고 金이 취약하니,

기뻐하는 바는 시(時)에서 만난 戊子인데, 윤토생금(潤土生金)하고 또한 金을 설수(洩秀)하기 때문이다.

고로 운이 동북(東北)의 금수목운(金水木運)으로 행할 때에 발하였다.[1]

용관(用官)하지 않을 뿐만이 아니고, 또한 용인(用印)하지도 않는다.

소중한 것은 식신(食神)에 있으니 아능구모(兒能救母)인데, 월령이 인수(印綬)이니 고로 인수격(印綬格)에 귀속시켜 논하였을 뿐이다.

1)寅중의 甲木이 용신이니 수목운(水木運)이 가장 좋고, 화운(火運)은 평탄하며, 토금운(土金運)은 불리하다.

然亦有帶食傷而貴者, 則如朱尙書命, 丙戌戊戌辛未壬辰, 壬爲戊制, 不傷官也, 又如臨淮侯命, 乙亥己卯丁酉壬寅, 己爲乙制, 己不礙官也.

그러나 또한 식상(食傷)이 있는데도 귀하게 된 경우가 있다.

①가령 주(朱) 상서(尙書)의 명조는 丙戌·戊戌·辛未·壬辰인데, 壬水가 戊土의 극제를 받으니 관성(官星)을 상하지 않는다.

②또한 가령 임(臨) 회후(淮侯)의 명조는 乙亥·己卯·丁酉·壬寅인데,
己土를 乙木이 극제하니 己土가 관성(官星)에게 장애가 되지 않는다.

```
壬 辛 戊 丙          壬 丁 己 乙
辰 未 戌 戌          寅 酉 卯 亥
乙甲癸壬辛庚己       壬癸甲乙丙丁戊
巳辰卯寅丑子亥       申酉戌亥子丑寅
```
왼쪽 명조는 가상관격(假傷官格)에 壬水가 용신이고, 오른쪽 명조는 가화격(假化格)에 화신유여(化神有餘)이다.

서락오평주(徐樂吾評註)
①주(朱) 상서(尙書)의 명조는 壬水가 戊土의 극제를 받으니 진실로 관성(官星)을 상하지 않는다.
다만 사주에 土가 다섯이나 있고, 지지에 또한 火가 암장하고 있으면서 천간에 丙火가 투출하였는데, 만약 다시 화토운(火土運)으로 행하면 어찌 좋을 것인가?

이 명조는 오묘하게도 천간의 화토금수(火土金水)가 순서대로 상생하니,

 고로 土가 金을 매몰하지 않는데, 辰土가 건조한 기(氣)를 거두어 들였고 壬水가 金을 설수(洩秀)한다.

 辰未가 모두 을목재성(乙木財星)을 암장하여 인수(印綬)를 남모르게 손상하니, 병(病)이 깊으나 약(藥)을 얻었다.

 금수목운(金水木運)인 庚子 辛丑 壬寅 癸卯 甲辰에 체용(體用)이 마땅함을 얻었으니, 이에 귀하였다.

 ②임(臨) 회후(淮侯)의 명조는 寅亥卯가 있어서 왕인(旺印)이 병령(秉令)하고 乙木이 투출하였으니 용신은 전적으로 酉金에 있는데, 인수(印綬)를 극하고 생관(生官)하기 때문이다.

 己土는 극제를 받아서 관성(官星)에게 장애가 되지 않는데,

 병(病)을 제거하여 청(淸)하게 된 것이고, 편인(偏印)의 탈식(奪食)을 취용하는 것은 아니다.

有印而用食傷者, 身强印旺, 恐其太過, 洩身以爲秀氣,
如戊戌乙卯丙午己亥, 李壯元命是也, 若印淺身輕而用層
層食傷, 則寒貧之局矣.

인수격(印綬格)이 용식상(用食傷)하는 경우가 있다.

신강인왕(身强印旺)하면 그 태과(太過)를 꺼리니, 일주를 덜어
내는 것이 수기(秀氣)이다.
가령 戊戌・乙卯・丙午・己亥라는 이(李) 장원(狀元)의 명조가
이것이다.

만약 인수(印綬)가 약하여 신약(身弱)한데, 식상(食傷)이 첩첩
하였으면 빈한(貧寒)한 국(局)이다.

己 丙 乙 戊
亥 午 卯 戌
壬辛庚己戊丁丙
戌酉申未午巳辰
이 명조는 가상관격(假傷官格)에 己土가 용신이다.

서락오평주(徐樂吾評註)
신강(身强)하고 인왕(印旺)하니 己土를 취용하여 수기(秀氣)를 덜
어낸다.
앞의 장(張) 참정(參政)의 명조(丙寅・戊戌・辛酉・戊子)와 서로
비슷한데, 己土가 투출하였고 관성(官星)이 나타나지 않았으니 용신
이 보다 분명하게 드러나 있다.

만약 인수(印綬)가 약하여 신약(身弱)한데, 식상(食傷)이 많으면 마땅히 인수(印綬)가 용신이다.

인수운(印綬運)과 비겁운(比刦運)으로 행하면 또한 구응(救應)할 수는 있으나, 다만 귀현(貴顯)하게 되는 국(局)은 아니다.[1]

1) 진상관용인격(眞傷官用印格)도 또한 사주가 청(淸)하면 귀현(貴顯)할 수 있다.

有用偏官者, 偏官本非美物, 藉其生印, 不得已而用之, 故必身重印輕, 或身輕印重, 有所不足, 始爲有情, 如茅壯元命, 己巳癸酉癸未庚申, 此身輕印重也, 馬參政命, 壬寅戊申壬辰壬寅, 此身重印輕也, 若身印並重而用七殺, 非孤則貧矣.

인수격(印綬格)이 용편관(用偏官)하는 경우가 있다.

편관(偏官)은 본디 미물(美物)이 아니나, 인수(印綬)를 생하고자 부득이 취용한다.
고로 반드시 일주(日主)가 많고 인수(印綬)는 적거나, 혹은 일주(日主)는 적고 인수(印綬)가 많아서 부족한 바가 있어야 비로소 유정(有情)하다.

①가령 모(茅) 장원(狀元)의 명조는 己巳 · 癸酉 · 癸未 · 庚申인데, 이것은 일주(日主)는 적고 인수(印綬)가 많은 경우이다.

②마(馬) 참정(參政)의 명조는 壬寅 · 戊申 · 壬辰 · 壬寅인데, 일주(日主)가 많고 인수(印綬)는 적은 경우이다.

만약 일주(日主)와 인수(印綬)가 모두 많은데도 용칠살(用七殺)하면 외롭지 않으면 가난하게 된다.

```
庚 癸 癸 己        壬 壬 戊 壬
申 未 酉 巳        寅 辰 申 寅
丙丁戊己庚辛壬     乙甲癸壬辛庚己
寅卯辰巳午未申     卯寅丑子亥戌酉
```

왼쪽 명조는 재자약살격(財滋弱殺格)에 巳中丙火가 용신이고, 오른쪽 명조는 식신생재격(食神生財格)에 시상(時上)의 寅中丙火가 용신이다.

서락오평주(徐樂吾評註)

①모(茅) 장원(狀元)의 명조는 기토칠살(己土七殺)이 金에 설기(洩氣)되었고, 인수(印綬)가 태왕(太旺)하나 사주에 파인(破印)하는 재(財)가 없으니, 바로 적천수(滴天髓)의 모자멸자(母慈滅子)라는 반국(反局)이다.

단지 모성(母性)에 순응하여야 하니 도리어 金水가 길하다.

위의 임(臨) 회후(淮侯)의 명조와 서로 반대인데, 하나는 재(財)가 있고 하나는 재(財)가 없기 때문이다.

②마(馬) 참정(參政)의 명조는 壬水가 비록 추수통원(秋水通源)하였다고 할지라도 두 개의 寅木이 설기(洩氣)하니, 칠살(七殺)이 생하는 인수(印綬)가 용신이다.

중요한 것은 인수(印綬)에 있으니 재(財)가 나타나서는 아니 되고, 재(財)가 나타나면 파격(破格)이다.

만약 일주(日主)와 인수(印綬)가 모두 많은데, 칠살(七殺)이 나타났으면 재(財)가 없으면 아니 된다.

용재(用財)하여 인수(印綬)를 극하고 생살(生殺)하는 것은 용살(用殺)하여 생인(生印)하는 것과는 전혀 다르다.

재(財)는 관살(官殺)의 뿌리이고, 관살(官殺)은 인수(印綬)의 뿌리인데, 상호간에 구응(救應)하고 상호간에 극제(剋制)한다.

有用殺而兼帶食傷者, 則用殺而有制, 生身而有洩, 不論身旺印重, 皆爲貴格, 如乙丑辛巳己巳庚午, 孫布政命是也.

인수격(印綬格)이 용살(用殺)하나 겸하여 식상(食傷)이 있는 경우가 있다.

용살(用殺)하나 극제(剋制)가 있고, 일주를 생하나 설기(洩氣)가 있으니, 신왕인중(身旺印重)을 논하지 않고 모두 귀격(貴格)이다.
가령 乙丑·辛巳·己巳·庚午라는 손(孫) 포정(布政)*의 명조가 이것이다.

*포정(布政): 포정사(布政使), 성(省)의 장관의 지위.

庚 己 辛 乙
午 巳 巳 丑
甲乙丙丁戊己庚
戌亥子丑寅卯辰

이 명조는 가상관격(假傷官格)에 辛金이 용신이다.
乙木이 무근(無根)이고 辛金에 극(剋)당하고 있으니 자손이 없을 사주이다. 칠살(七殺)이 사주에 부질없이 나타나 있는데, 어찌 '칠살(七殺)에 극제가 있으니 좋다'고 말할 수 있을 것인가?

서락오평주(徐樂吾評註)
'용살(用殺)하나 겸하여 식상(食傷)이 있다'는 것은 식상(食傷)의 설수(洩秀)를 취용한다는 것이고 제살(制殺)을 취용한다는 것이 아닌데, 극(剋)과 설(洩)은 병용(並用)하지 않기 때문이다.

신강살왕(身强殺旺)하면 제살(制殺)하여야 권세가 되니, 극제(剋制)를 기뻐하는 것은 다시 재살운(財殺運)으로 행하는 것은 마땅하지 않다.

제살(制殺)이 태과(太過)한 명조는 재살운(財殺運)을 기뻐하고 재차 식상운(食傷運)으로 행하는 것은 마땅하지 않은데, 이것은 일정지리(一定之理)이다.

가령 손(孫) 포정(布政)의 명조는 극설(剋洩)이 함께 나타났으니 통관(通關)하는 인수(印綬)가 용신이다.[1]

이것은 편고(偏枯)한 명조이니 마땅히 달리 논해야 하는데, 뒤에서 운(運)을 논하는 구절을 자세히 살펴보라.

1)뿌리도 없고 살지(殺地)에 앉아 있는 乙木이 극제할 수 있을 것인가? 치지도외(置之度外)하여야 한다.

有印多而用財者, 印重身强, 透財以抑太過, 權而用之, 只要根深, 無妨財破, 如辛酉丙申壬申辛亥, 汪侍郎命是也, 若印輕財重, 又無刦財以救, 則爲貪財破印, 貧賤之局也.

인수(印綬)가 많아서 용재(用財)하는 경우가 있다. 재인불애격(財印不碍格)

인수(印綬)가 많아서 신강(身强)하면 그 태과(太過)를 억제하기 위하여 투출한 재(財)를 취용한다.
뿌리가 깊기만 하면 재(財)가 파인(破印)하여도 무방한데, 가령 辛酉·丙申·壬申·辛亥라는 왕(汪) 시랑(侍郞)의 명조가 이것이다.

만약 인수(印綬)가 적고 재(財)가 많은데, 또한 겁재(刦財)의 구응(救應)이 없으면 탐재괴인(貪財壞印)하니 빈천지국(貧賤之局)이다.

辛 壬 丙 辛
亥 申 申 酉
己庚辛壬癸甲乙
丑寅卯辰巳午未

이 명조는 가상관격(假傷官格)에 亥中甲木이 용신이다.

서락오평주(徐樂吾評註)
신강(身强)하고 인왕(印旺)하면 용재(用財)하여 손인(損印)하여야 한다.

'뿌리가 깊다'는 것은 인수(印綬)의 뿌리가 깊다는 것을 말하는 것이고,

'재(財)가 파인(破印)한다'는 것은 그 태과(太過)를 억제한다는 것을 말하는 것이다.

인수(印綬)는 나를 생하는 어머니인데,

그러나 木이 水의 생에 의지한다고 할지라도 水가 왕하면 木이 물에 뜨고,

火가 木의 생에 의지한다고 할지라도 木이 많으면 火가 막히며,

土가 火의 생에 의지한다고 할지라도 火가 많으면 土가 갈라지고,

金이 土의 생에 의지한다고 할지라도 土가 많으면 金이 매몰되며,

水가 金의 생에 의지한다고 할지라도 金이 많으면 水가 막히니,

그 태과(太過)를 제거하여야 중화지도(中和之道)를 얻는데, 즉 적천수(滴天髓)의 군뢰신생(君賴臣生)이 이것이다.

왕(汪) 시랑(侍郎)의 명조는 丙火와 辛金이 합하여 작은 병(病)이 있는데,

다행히 운이 동남(東南)의 목화지지(木火之地)로 행하여 그 합(合)을 화(化)하지 않게 하니 비로소 손인(損印)하는 효력을 거둘 수 있었다.

만약 인수(印綬)가 적고 재(財)가 많아서 신약(身弱)하면 재(財)가 병신(病神)이니 반드시 용비겁(用比刦)하여 그 재(財)를 제거하여야 하는데, 그렇지 않으면 탐재괴인(貪財壞印)한다.

가령 절서(浙西)의 모(某) 부옹(富翁)의 아들의 명조는 庚申·戊

寅・丙申・乙未인데,

　乙庚이 멀리서 합(合)하여 인수(印綬)가 재(財)로 변하였고, 申에 득록(得祿)하였으며, 두 개의 申이 寅을 충한다.

　丙火가 신약(身弱)하니 인수(印綬)의 자조(滋助)에 의지하는데,

　인수(印綬)가 재(財)에 파손되고 또한 재(財)를 제거하는 비겁(比劫)이 없으니, 이것은 탐재괴인(貪財壞印)이다.

```
乙  丙  戊  庚
未  申  寅  申
乙甲癸壬辛庚己
酉申未午巳辰卯
```

이 명조는 득비이재격(得比理財格)에 乙木이 용신이다.

卽或印重財輕而兼露食傷, 財與食相生, 輕而不輕, 卽可就富, 亦不貴矣, 然亦有帶食而貴者, 何也?

如庚寅乙酉癸亥丙辰, 此牛監簿命, 乙合庚而不生癸, 所以爲貴, 若合財存食, 又可類推矣, 如己未甲戌辛未癸巳, 此合財存食之貴也.

혹 인수(印綬)가 많고 재(財)가 적은데 겸하여 식상(食傷)이 투출하였으면 재(財)와 식신(食神)이 상생하여 재(財)가 경(輕)하나 경(輕)하지 않으니 즉 부(富)를 취할 수 있는데, 역시 귀(貴)하지는 못한다.

그러나 또한 식신(食神)이 있는데도 귀한 경우가 있는데, 어찌 된 까닭인가?

가령 庚寅· 乙酉· 癸亥· 丙辰이다.

이것은 우(牛) 감부(監簿)의 명조인데, 乙木이 庚金을 합하여 庚金이 癸水를 생하지 않으니 이에 귀하였다.

만약 재(財)가 인수(印綬)를 합하여 식신(食神)이 보존되었으면 또한 유추할 수 있다.

가령 己未· 甲戌· 辛未· 癸巳인데,

이것은 재(財)가 인수(印綬)를 합하여 식신(食神)이 보존되었으니 귀하게 된 경우이다.

丙	癸	乙	庚		癸	辛	甲	己
辰	亥	酉	寅		巳	未	戌	未
壬辛庚己戊丁丙					丁戊己庚辛壬癸			
辰卯寅丑子亥戌					卯辰巳午未申酉			

왼쪽 명조는 정재격(正財格)에 시상(時上)의 丙火가 용신이고, 오른쪽 명조는 가상관격(假傷官格)에 癸水가 용신이다.

서락오평주(徐樂吾評註)
대저 부귀(富貴)라는 두 글자는 변별하기가 매우 어렵다.

옛날에는 귀(貴)하나 부유하지는 않는 사람들이 있고 부유하나 귀(貴)하지는 않는 사람들이 있었는데,

만약 요즘사람이라면 부자는 귀하지 않음이 없고 귀한 자는 부유하지 않음이 없으니, 어디를 좇아서 분별할 것인가?

부귀(富貴)를 분별하는 것은 마땅히 적천수(滴天髓)의 '하지기인부,재기통문호(何知其人富,財氣通門戶),하지기인귀,관성유이회(何知其人貴,官星有理會)'*라는 몇 글자가 가장 정확하고 자세하다.

*하지기인부,재기통문호(何知其人富,財氣通門戶): 그 사람이 부유하게 됨을 어찌 아는가? 재기(財氣)가 문호에 통하여야 한다.

*하지기인귀,관성유이회(何知其人貴,官星有理會): 그 사람이 귀하게 됨을 어찌 아는가? 관성(官星)에 이회(理會)가 있어야 한다.

'재(財)와 식신(食神)이 상생하여 경(輕)하나 경(輕)하지 않다'는 것은 즉 재기통문호(財氣通門戶)를 이야기한 것이다.

이에 우(牛) 감부(監簿)의 명조는 여전히 식신생재(食神生財)로 취용(取用)하여야 마땅하고,

'乙庚이 합하여 癸水를 생하지 않는 것이 귀할 조짐이다'는 것은 다 그러하지는 않은 것 같은데, 인수(印綬)가 합거(合去)되지 않은 까닭이다.

丙火가 寅에 통근(通根)하였는데, 신왕(身旺)하고 재인(財印)이 모두 유근(有根)이니 마땅히 부(富)와 귀(貴)를 겸하였다.

己未명조는 인수(印綬)를 제거하여 식신(食神)이 보존되었고, 巳와 未가 또한 관귀(官貴)*를 공합(拱合)하였으니 모두 귀할 조짐인데, 용신은 식신(食神)에 있다.

*관귀(官貴): 관성(官星)이면서 천을귀인(天乙貴人)인 경우. 그러나 여기에서 午는 칠살(七殺)이다.

又有印而兼透官殺者, 或合殺, 或有制, 皆爲貴格, 如 辛亥庚子甲辰乙亥, 此合殺留官也, 壬子癸卯丙子己亥, 此官殺有制也.

인수(印綬)가 있으나 관살(官殺)이 병투(並透)한 경우가 또한 있는데, 합살(合殺)하거나 혹 극제(剋制)가 있으면 모두 귀격(貴格)이다.

가령 辛亥·庚子·甲辰·乙亥인데 이것은 합살유관(合殺留官)이고, 壬子·癸卯·丙子·己亥인데 이것은 관살(官殺)에 극제가 있는 것이다.

```
乙 甲 庚 辛        己 丙 癸 壬
亥 辰 子 亥        亥 子 卯 子
癸甲乙丙丁戊己     庚己戊丁丙乙甲
巳午未申酉戌亥     戌酉申未午巳辰
```
왼쪽 명조는 종강격(從强格)이고, 오른쪽 명조는 살중용인격(殺重用印格)에 卯中乙木이 용신이다.

서락오평주(徐樂吾評註)
합살유관(合殺留官)이거나 혹 거관유살(去官留殺)이면 격국이 청(淸)하게 되는데, 그러나 이 두 명조는 기묘한 점이 전혀 나타나지 않았다.

辛亥명조는 살인(殺印)이 모두 왕하나 식상(食傷)이 없고,
壬子명조는 습목(濕木)에 불꽃이 없고 己土의 힘도 또한 꺼리게도 박약(薄弱)하니, 귀격(貴格)이라고 말하나 이해할 수 없는 부분이 있다.

至於化印爲刦, 棄之以就財官, 如趙知府命, 丙午庚寅丙午癸巳, 則變之又變者矣.

인수격(印綬格)이 비겁격(比劫格)으로 변하였으면 인수(印綬)는 버리고 재관(財官)을 취하여야 한다.

가령 조(趙) 지부(知府)의 명조는 丙午・庚寅・丙午・癸巳인데, 변하고 또 변한 것이다.

```
癸 丙 庚 丙
巳 午 寅 午
丁丙乙甲癸壬辛
酉申未午巳辰卯
```
이 명조는 염상격(炎上格)이다.

서락오평주(徐樂吾評註)

寅午가 합하여 인수(印綬)가 비겁(比刦)으로 변하였으니 庚金과 癸水라는 재관(財官)을 가용(可用)하는데, 아쉬운 바는 재관(財官)이 무근(無根)이다.

만약 癸巳가 癸酉 혹은 癸亥로 바뀌었고, 재관운(財官運)으로 행하였으면 앞날이 더욱 원대하였을 것이다.

更有印透七殺, 而刦財以存殺印, 亦有貴格, 如庚戌戊子甲戌乙亥是也, 然此畢竟難看, 宜細詳之.

인수격(印綬格)에 칠살(七殺)이 투출한 경우가 또한 있는데, 겁재(刦財)로 살인(殺印)을 보존하여도 또한 귀격(貴格)이다.
가령 庚戌·戊子·甲戌·乙亥가 이것이다.

그러나 이런 명조는 결국은 분별하기가 어려우니 마땅히 자세하게 살펴보아야 한다.

```
乙 甲 戊 庚
亥 戌 子 戌
乙甲癸壬辛庚己
未午巳辰卯寅丑
```
이 명조는 부건파처격(夫健怕妻格)에 乙木이 용신이다.
子水가 戊戌土에 극(剋)당하고, 子月에는 납수(納水)가 어려우니 이에 신약(身弱)으로 본다.

서락오평주(徐樂吾評註)
이 명조는 戊戌土가 자수인수(子水印綬)를 포위하고 있으니, 乙木을 취용하여 戊土를 극제하고 살인(殺印)을 보존한다.
戌中에 정화식신(丁火食神)이 또한 암장하고 있으니 자수인수(子水印綬)가 탈식(奪食)할 수 없고, 乙木이 또한 火를 생하니 아름답다.
길신(吉神)이 암장(暗藏)하였고, 병(病)이 있으나 구응(救應)이 있으니, 이에 귀하게 되었다.

제36장
인수격(印綬格)의 취운(取運)을 논함

印格取運, 卽以印格所成之局, 分而配之, 其印綬用官者, 官露印重, 財運反吉, 食傷之方, 亦爲最利.

인수격(印綬格)의 취운(取運)은 즉 인수격(印綬格)으로 이루어진 격을 나누어서 배열한다.

인수격(印綬格)이 용관(用官)하는데,
정관(正官)이 투출하였으나 인수(印綬)가 많으면 재운(財運)이 도리어 길하고 식상운(食傷運)도 또한 가장 이롭다.

서락오평주(徐樂吾評註)
월령이 인수(印綬)이면 '신약(身弱)하고 극설(剋洩)이 많아서 용인(用印)하여 일주를 자생(滋生)하는 경우'를 제외하고는 대체로 인수(印綬)가 용신일 수 없다.

만약 정관(正官)이 투출하였으나 인수(印綬)가 많으면 극(剋)이 생(生)으로 변하여 관인(官印)은 모두 용신이 될 수 없으니, 반드시 용신을 달리 취하여야 한다.

본편(本篇)의 장(張) 참정(參政)의 명조는,

戊 辛 戊 丙
子 酉 戌 寅
乙甲癸壬辛庚己
巳辰卯寅丑子亥

정관(正官)이 투출하였으나 인수(印綬)가 많으니 정관(正官)이 인수(印綬)에 다 설기(洩氣)되었는데,
 신왕(身旺)하고 인왕(印旺)하니 그 아름다운 곳은 전적으로 시상(時上)의 子水에 있다.
 金을 설수(洩秀)하니 마땅히 금수상관격(金水傷官格)으로 취용(取用)하여야 한다.
 이 금수상관(金水傷官)은 관성(官星)이 나타나는 것을 전혀 기뻐하지 않은데,
 戌月에 생하여 금한수랭(金寒水冷)한 계절에 아직 이르지 않았고, 원국(原局)에 이미 丙火의 난국(暖局)이 있으니 재차 화운(火運)으로 행할 필요가 없기 때문이다.
 이미 금수상관(金水傷官)으로 취용하였으니 자연히 재운(財運)과 식상운(食傷運)이 가장 이롭고, 비겁운(比刦運)도 또한 행할 수 있다.
 이 명조는 亥運에서 辰運까지 55년이 한결같이 금수목운(金水木運)인데, 진실로 쉽게 얻을 수 있는 것이 아니다.
 이 명조는 재자약살격(財滋弱殺格)에 寅中甲木이 용신이니, 수목화운(水木火運)이 길하고 토금운(土金運)은 불리하다.

若用官而並帶食傷, 運喜官旺印綬之鄕, 食傷爲害, 逢殺不忌矣.

만약 용관(用官)하는데 아울러 식상(食傷)을 대동하고 있으면 관왕운(官旺運)과 인수운(印綬運)을 기뻐하고,
식상운(食傷運)은 해로우나, 칠살운(七殺運)은 꺼리지 않는다.

서락오평주(徐樂吾評註)
월령이 인수(印綬)이고 천간에 관인(官印)이 투출하였는데, 겸하여 식상(食傷)이 투출하였으면 마땅히 식상(食傷)을 극제하고 관성(官星)을 호위하는 인수(印綬)가 용신이다.

가령 본편(本篇)의 주(朱) 상서(尙書)의 명조와 위의 장(張) 참정(參政)의 명조는 서로 비슷한데, 취용(取用)에 있어서는 크게 다르다.
고로 팔자는 위치에 따라 변환하니, 하나의 예를 고집하여서는 아니 된다.

주(朱) 상서(尙書)의 명조이다.

壬 辛 戊 丙
辰 未 戌 戌
乙甲癸壬辛庚己
巳辰卯寅丑子亥

이 명조가 장(張) 참정(參政)의 명조와 다른 점은,
장(張) 참정(參政)의 명조는 子水가 지지에 있고 酉金이 상생하여 戊土가 극할 수 없으나,
이 명조는 상관(傷官)이 투출하여 인수(印綬)에 극제를 받으니 고로 설수(洩秀)하는 용신이 될 수 없다.
정관(正官)과 상관(傷官)이 병투(並透)하였는데, 인수(印綬)가 상관(傷官)을 극제하고 겸하여 정관(正官)을 호위한다.
용신은 비록 인수(印綬)에 있다고 할지라도 土가 많아서 金이 매몰할 염려가 있으니,
고로 寅卯甲이라는 재운(財運)에 아름다운데,
인수(印綬)를 극제하고 상관(傷官)을 덜어내며 정관(正官)을 생하기 때문이다.[1]
만약 인수(印綬)가 적었으면 인수(印綬)를 극하니 재운(財運)을 꺼렸을 것이다.

[1] 용신이 인수(印綬)에 있는데, 인수(印綬)를 극하는 재운(財運)이 아름다울 것인가?

이 명조는 가상관격(假傷官格)에 壬水가 용신이니, 금수목운(金水木運)이 아름답고 화토운(火土運)은 불리하다.

壬　丁　己　乙
寅　酉　卯　亥
壬癸甲乙丙丁戊
申酉戌亥子丑寅

　이것은 본편(本篇)의 임(臨) 회후(淮侯)의 명조인데,
　또한 용인(用印)하여 식신(食神)을 극제하고 관성(官星)을 호위하니 상관(傷官)을 극제하는 위의 명조와 서로 같은데, 다른 점은 식상운(食傷運)을 꺼린다는 것이다.
　주(朱) 상서(尙書)의 명조는 식상운(食傷運)으로 행하면 인수(印綬)가 회극(回剋)하나,
　이 명조는 을목인수(乙木印綬)가 년(年)에 있으니 구호(救護)하는 바가 부족하다.
　丑運은 비록 酉金과 합하여 화금(化金)한다고 할지라도 방애(妨礙)가 없는데 관성(官星)이 왕하지 않기 때문이다.
　또한 인수(印綬)와 서로 떨어져 있으니 재(財)가 비록 왕하다고 할지라도 파인(破印)하지 않으며, 아울러 卯酉의 충(沖)을 해소하니 아름답다
　子亥는 관운(官運)이고, 甲乙은 인수운(印綬運)이니 모두 좋은 운이다.
　이 명조는 가화격(假化格)에 화신유여(化神有餘)이니, 수목화운(水木火運)이 아름답고 토금운(土金運)은 불리하다.
　서락오(徐樂吾)선생은 앞에서는 '寅亥卯가 있어서 왕인(旺印)이 병령(秉令)하고 乙木이 투출하였으니 용신은 전적으로 酉金에 있다'라고 이야기하고, 여기서는 인수(印綬)를 용신으로 삼고 있다.

印綬而用食傷, 財運反吉, 食傷亦利, 若行官運, 反見其災, 殺運則反能爲福矣.

인수격(印綬格)이 용식상(用食傷)하면 재운(財運)이 도리어 길하고 식상운(食傷運)도 또한 이롭다.

만약 정관운(正官運)으로 행하면 도리어 재앙이 나타나나, 칠살운(七殺運)은 도리어 복(福)이 될 수 있다.[1]

[1] 식상(食傷)이 용신이면 칠살운(七殺運)을 기뻐하지 않는다.

서락오평주(徐樂吾評註)

'인수격(印綬格)이 용식상(用食傷)한다'는 것은 '월령이 인수(印綬)이고 간두에 식신(食神)과 상관(傷官)이 병투(並透)하였다'는 것이다.

신강인왕(身强印旺)하면 식상(食傷)이 용신인데, 가령 본편(本篇)의 이(李) 장원(狀元)의 명조이다.

己 丙 乙 戊
亥 午 卯 戌
壬辛庚己戊丁丙
戌酉申未午巳辰

丙火가 양인(陽刃)을 깔고 앉았고 인성(印星)인 乙卯가 왕한데,
戊己라는 식상(食傷)이 병투(並透)하였으니 이에 식상(食傷)이 용신이다. 고로 식상운(食傷運)과 재운(財運)이 모두 길하다.
'정관운(正官運)에 도리어 재앙이 나타난다'는 것은 '癸水는 능히 戊土를 합하여 비겁(比刦)으로 변한다'는 것이다.
'칠살운(七殺運)은 도리어 복이 될 수 있다'는 것은 '이 명조는 화목인수격(火木印綬格)인데 火가 왕하여 木이 메말랐으니 목화상관격(木火傷官格)이 인수(印綬)를 기뻐하는 것과 서로 비슷하여 壬水의 자윤(滋潤)을 기뻐한다'는 것이다.
용식상(用食傷)하는 것은 비겁운(比刦運)을 꺼리지 않으나,
이 명조는 비겁운(比刦運)을 꺼리는데 火가 태왕(太旺)하여 土가 갈라지고 木이 타버리는 까닭이다.
팔자의 취운(取運)은 이에 각자가 다르다.
이 명조는 가상관격(假傷官格)에 시상(時上)의 己土가 용신이니, 화토금운(火土金運)이 아름답고 수목운(水木運)은 불리하다.

印用七殺, 運喜食傷, 身旺之方, 亦爲美地, 一見財鄕, 其凶立至.

인수격(印綬格)이 용칠살(用七殺)하면 식상운(食傷運)을 기뻐하고, 신왕운(身旺運)도 또한 좋으나,
한번 재향(財鄕)이 나타나면 그 흉(凶)이 곧 이르러온다.

서락오평주(徐樂吾評註)
　인수(印綬)로 칠살(七殺)을 인화하는 것은 위의 장(張) 참정(參政)의 명조에서 인수(印綬)로 정관(正官)을 인화하는 것과는 다른 점이 조금 있다. (丙寅, 戊戌, 辛酉, 戊子)

　장(張) 참정(參政)의 명조는 원국(原局)에 식신(食神)이 있으니 바로 식신(食神)이 용신이다.
　만약 원국(原局)에 식상(食傷)이 나타나지 않았으면, 가령 본편(本篇)의 모(茅) 장원(狀元)의 명조이다.

```
庚 癸 癸 己
申 未 酉 巳
丙丁戊己庚辛壬
寅卯辰巳午未申
```

　원국(原局)에 인수(印綬)가 많으나, 기토칠살(己土七殺)이 투출하였으니 칠살(七殺)을 인화하는 인수(印綬)가 용신이다.
　신약(身弱)에 칠살(七殺)이 나타나면 가장 두려운 것은 극설교가(剋洩交加)인데,
　그러나 이 명조는 경금인수(庚金印綬)가 투출하였으니 木이 나타나더라도 金이 회극(回剋)하여 일원을 설기(洩氣)하지 않고, 제살(制殺)하는 효과만 있으니 고로 가장 기뻐한다.
　일원이 왕하지 않으니 방신(幇身)하는 운은 자연히 마땅하고, 만약 재(財)가 나타나면 당살(黨殺)하고 파인(破印)하니 전국(全局)이 다 깨어진다.
　관살운(官殺運)은 인수(印綬)의 인화가 있으니 도리어 꺼리지 않고, 다지 재운(財運)만을 꺼린다.
　만약 원국(原局)에 재(財)가 있으면 마땅히 달리 논하여야 하는데, 인수편(印綬篇)을 참고하여 살펴보라.
　이 명조는 재자약살격(財滋弱殺格)에 巳中丙火가 용신이니, 목화토운(木火土運)이 길하고 금수운(金水運)은 불리하다.

위의 명조는 신약(身弱)하고 인수(印綬)가 왕한데 칠살(七殺)이 나타난 경우이다.

만약 신강(身强)하고 인수(印綬)가 약한데 칠살(七殺)이 나타났으면, 가령 본편(本篇)의 마(馬) 참정(參政)의 명조이다.

```
壬 壬 戊 壬
寅 辰 申 寅
乙甲癸壬辛庚己
卯寅丑子亥戌酉
```

壬水가 추수통원(秋水通源)하고 申辰이 공합(拱合)하였으나,

水와 土가 서로 다퉈서 통관하는 申金이 용신이니 그 추뉴(樞紐)는 전적으로 인수(印綬)에 있다.

일원이 본디 왕한데 식상운(食傷運)으로 행하면 그 수기(秀氣)를 덜어내니 자연히 기뻐하고, 원국(原局)에 식상(食傷)이 있으니 비겁운(比刦運)도 또한 장애가 없다.

다만 재운(財運)은 파인(破印)하는데,

생살(生殺)하는 것을 꺼릴 뿐만이 아니고, 그 추뉴(樞紐)를 잘라내고 용신을 상극(傷剋)하니 가장 꺼린다.

반대로,

가령 子運에는 申子辰이 수국(水局)을 이루어서 인수(印綬)가 비겁(比刦)으로 변하는데, 인수(印綬)가 깨어진 것은 아니니 도리어 관계가 없다.

이 명조는 식신생재격(食神生財格)에 시상(時上)의 寅中丙火가 용신이니, 목화토운(木火土運)이 길하고 금운(金運)은 불리하다.

수운(水運)은 일원을 설수(洩秀)하나, 寅중의 丙火를 극하지 못하니 평탄하다.

若用殺而兼帶食傷, 運喜身旺印綬之方, 食傷亦美, 逢官遇財, 皆不吉也.

가령 용살(用殺)하는데 겸하여 식상(食傷)을 대동하고 있으면 신왕운(身旺運)과 인수운(印綬運)을 기뻐하고, 식상운(食傷運)도 또한 아름다우나,
정관운(正官運)과 재운(財運)은 모두 불길하다.

서락오평주(徐樂吾評註)
　용살(用殺)하는데 겸하여 식상(食傷)을 대동하고 있는 경우에는 위의 용관(用官)과는 같지 않다.
　용관(用官)하는 것은 인수(印綬)로 식상(食傷)을 극제하고 관성(官星)을 호위하여야 하나,
　용살(用殺)하는 것은 칠살(七殺)이 인수(印綬)에 설기(洩氣)되니 '제1절(節)의 정관(正官)이 투출(透出)하였으나 인수(印綬)가 많은 경우' 또는 '인수격(印綬格)이 용식상(用食傷)하는 경우'와 서로 비슷하다.
　가령 손(孫) 포정(布政)의 명조이다.

庚 己 辛 乙
午 巳 巳 丑
甲乙丙丁戊己庚
戌亥子丑寅卯辰

乙木이 무근(無根)인데, 巳丑이 회국(會局)하고 庚辛이 병투(並透)하였다.

칠살(七殺)은 고살무보(孤殺無輔)이니 용신이 될 수 없고, 극설(剋洩)이 함께 나타나서 인수(印綬)의 통관(通關)에 의지하여야 하니 인수(印綬)가 용신이다.

고로 신왕운(身旺運)과 인수운(印綬運)이 기쁘고, 庚金이 설수(洩秀)하니 식상운(食傷運)은 자연히 좋은 운이다.

관운(官運)인 甲木을 만나면 꺼리게도 己土를 합하고 관살혼잡(官殺混雜)이니, 고로 좋은 운이 아니다.

원국(原局)에 火土가 건조한데, 水를 만나면 그 성질을 거스르니 고로 또한 불길하다.

이것은 편고(偏枯)한 명조이니 예로 삼을 수 없는데, 기뻐하는 바는 乙丑 己巳 庚午가 일순(一旬)에서 동출(同出)하였다는 것일 뿐이다.

이 명조는 가상관격(假傷官格)에 辛金이 용신이니, 토금수운(土金水運)이 길하고 목화운(木火運)은 불길하다.

印綬遇財, 運喜刦地, 官印亦亨, 財鄕則忌.

인수격(印綬格)이 재(財)를 만났으면 비겁운(比刦運)을 기뻐하고, 관인운(官印運)도 또한 형통하나, 재향(財鄕)은 꺼린다.

서락오평주(徐樂吾評註)
월령이 인수(印綬)인데 재(財)를 만났으면 그 중의 의기(宜忌)는 크게 나뉘어진다.

만약 인수(印綬)는 적고 재(財)가 많으면 탐재괴인(貪財壞印)하니 비겁운(比刦運)을 가장 기뻐하는데,
가령 인수편(印綬篇)의 주(註)에서 인용한 모(某) 부옹(富翁)의 아들의 명조가 이것이다. (庚申, 戊寅, 丙申, 乙未)

재(財)는 적고 인수(印綬)가 많으면 용재(用財)하여 손인(損印)하여야 하니 재향(財鄕)을 기뻐하는데,
가령 국부(國府)의 주석(主席)이었던 임삼(林森)의 명조가 이것이다. (戊辰, 甲寅, 丁卯, 己酉)

가령 본편(本篇)의 왕(汪) 시랑(侍郞)의 명조는,

辛 壬 丙 辛
亥 申 申 酉
己庚辛壬癸甲乙
丑寅卯辰巳午未

재(財)는 적고 인수(印綬)가 많으니 반드시 재운(財運)과 생재(生財)하는 식상운(食傷運)으로 행하여야 비로소 길하다.

초운(初運)인 乙未 甲午에는 木火가 서로 이어졌고, 癸巳에는 水가 통근하지 않았고 丙火가 득록(得祿)하였으니 모두 좋은 운이다.

壬辰 10년은 설령 죽지는 않는다고 할지라도 반드시 큰 기복이 있었을 것이다.

이것이 지나간 후에 辛卯 庚寅에는 동방(東方)의 목지(木地)이고 金이 통근하지 않으니 또한 크게 일으킬 수 있었을 것이다.

이 명조는 가상관격(假傷官格)에 亥中甲木이 용신이고, 무근(無根)인 丙火는 용신이 될 수 없다.

고로 수목화운(水木火運)이 길하고 토금운(土金運)은 불리하다.

'비겁운(比刦運)을 기뻐하고 재운(財運)을 꺼린다'는 것은 가령 아래에 나열한 모(某) 부옹(富翁)의 아들의 명조이다.

乙 丙 戊 庚
未 申 寅 申
乙甲癸壬辛庚己
酉申未午巳辰卯

인수격(印綬格)에 재(財)와 식신(食神)이 병투(並透)하였는데, 재(財)가 왕하고 인수(印綬)는 약하다.
　乙庚이 합하여 탐재괴인(貪財壞印)하니 겨우 인수운(印綬運)인 己卯 10년만이 좋고, 庚辰 辛巳에 이르러서는 필시 지나가기가 쉽지 않았을 것이다.
　신약용인(身弱用印)이나 관운(官運)을 기뻐하는 것은 재(財)와 인수(印綬)가 서로 다투는데 기쁘게도 관살(官殺)이 그 기(氣)를 통관(通關)하기 때문이다.
　재격(財格)에서 논한 재격패인절(財格佩印節)을 살펴보라.
　이 명조는 득비이재격(得比理財格)에 乙木이 용신이니, 수목화운(水木火運)이 길하고 토금운(土金運)은 불길하다.

印格而官殺競透, 運喜食神傷官, 印旺身旺, 行之亦利, 若再透官殺, 行財運, 立見其災矣.

인수격(印綬格)에 관살(官殺)이 경투(競透)하였으면 식상운(食傷運)을 기뻐하고, 인왕운(印旺運)과 신왕운(身旺運)도 또한 이롭다.

만약 재차 관살운(官殺運)으로 행하거나, 재운(財運)으로 행하면 재앙이 바로 나타난다.

서락오평주(徐樂吾評註)
'인수격(印綬格)에 관살(官殺)이 경투(競透)하였다'는 것은 '인수(印綬)로 관살(官殺)을 인화한다'는 것이다.

그러나 반드시 그 지위(地位)와 차서(次序)에서 인화할 수 있는가의 여부(與否)를 살펴보아야 한다.
만약 인화할 수 있으면 '용살(用殺)하는데 식상(食傷)이 겸하여 있는 경우'와 서로 같은데, 인수(印綬)가 통관(通關)하는 작용을 한다.
가령 본편(本篇)에서 인용한 두 명조이다.

```
乙 甲 庚 辛
亥 辰 子 亥
癸甲乙丙丁戊己
巳午未申酉戌亥
```

비록 '乙庚이 합살유관(合殺留官)한다'고 말하였다고 할지라도 관계가 없고, 완전히 인수(印綬)가 용신이다.

관살(官殺)은 인수(印綬)에 이미 설기(洩氣)되었다.

식상운(食傷運)은 일원을 설수(洩秀)하는데, 기세(氣勢)가 유통(流通)하여 막힘이 없으니 자연히 좋은 운이고, 관살(官殺)을 극제하기 위하여 취용하는 것은 아니다.

신왕운(身旺運)과 인왕운(印旺運)은 모두 이롭다.

인수(印綬)가 만약 투출하였으면 재차 관살운(官殺運)이 나타나더라도 또한 큰 장애가 없었을 것이고, 오직 재운(財運)만 단연코 행할 수 없다.

가령 이 명조는 戊戌 10년에는 반드시 풍파가 있었을 것이다.

이 명조는 종강격(從强格)이니, 수목운(水木運)이 아름답고, 화토운(火土運)은 불리하며, 천간의 금운(金運)은 해로우나 지지의 금운(金運)은 해롭지 않다.

己 丙 癸 壬
亥 子 卯 子

庚己戊丁丙乙甲
戌酉申未午巳辰

丙火가 무근(無根)이고 습목(濕木)이 무염(無焰)인데, 己土가 미약하니 어찌 충분지수(沖奔之水)를 극제할 수 있을 것인가?

소위 '土는 水를 극제할 수 있으나 水가 많으면 土가 쓸려간다'는 것이다.

다만 丙火에는 양강지성(陽剛之性)이 있어서 인수(印綬)가 유근(有根)이면 종(從)할 수 없으니, 여전히 인수(印綬)가 용신이다.

기뻐하는 바는 목화운(木火運)인 丙寅 丁卯 20년일 뿐이다. 제살(制殺)하는 戊己運에는 도리어 기복이 많았을 것이다.

만약 재차 관살운(官殺運)이나 재운(財運)이 나타나면 재앙이 바로 나타난다.

이 명조는 살중용인격(殺重用印格)에 卯中乙木이 용신이다.

목화운(木火運)이 이롭고, 토금운(土金運)은 불리하며, 수운(水運)은 비록 용신을 생한다고 할지라도 일주가 지나치게 약하니 불리하다.

참고로 운로의 전개에 있어서 착각이 있었으니 '丙寅 丁卯'라고 운운하였다.

印用食傷, 印輕者亦不利見財也.

인수격(印綬格)이 용식상(用食傷)하면 인수(印綬)가 적은 것은 역시 재(財)가 나타나면 불리하다.

서락오평주(徐樂吾評註)
'인수(印綬)가 적은데 재(財)가 나타나면 불리하다'는 것을 보면 '인수(印綬)가 많으면 재(財)가 나타나는 것을 꺼리지 않는다'는 것을 알 수 있다.

가령 본편(本篇)의 우(牛) 감부(監簿)의 명조이다.

丙 癸 乙 庚
辰 亥 酉 寅
壬辛庚己戊丁丙
辰卯寅丑子亥戌

乙庚이 합이불화(合而不化)하고 신강인왕(身强印旺)하니 마땅히 식신생재(食神生財)로 취용하여야 한다.
재(財)가 용신인 것은 '재(財)로 손인(損印)하는 경우'를 제외하고는 반드시 식상(食傷)으로 이끌어야 하기 때문이다.
가령 이 명조는 식신(食神)으로 이끌어오니, 고로 신왕운(身旺運)인 亥子丑으로 행할 수 있다.
인수운(印綬運)인 庚辛과 식상운(食傷運)인 寅卯도 모두 길하나, 관살운(官殺運)인 戊己에는 아름다움이 나타나지 않는다.
이 명조는 정재격(正財格)에 시상(時上)의 丙火가 용신이니, 목화토운(木火土運)이 길하고 금수운(金水運)은 불리하다.
어찌 인수운(印綬運)이 길할 것인가?

癸 辛 甲 己
巳 未 戌 未
丁戊己庚辛壬癸
卯辰巳午未申酉

 이것은 본편(本篇)에서의 소위 '재(財)가 인수(印綬)를 합하여 식신(食神)이 보존되었으니 귀하게 되었다'는 것인데, 그러나 자세히 살펴보면 다 그러한 것은 아니다.
 인수(印綬)가 태왕(太旺)하여 토중금매(土重金埋)인데,
 甲己가 합하여 인수(印綬)를 극제하고 식신(食神)을 보존하여, 癸水라는 용신이 상하지 않게 하였으니 이에 귀하게 되었다.
 癸酉 壬申 20년에는 金水가 상생(相生)하니 가장 이로웠고, 辛未 庚運도 또한 아직 행할 수 있으나,
 午運이후의 관인운(官印運)에는 토중금매(土重金埋)하고 용신이 다 상하니 이어나가기 어렵다.
 이 명조는 가상관격(假傷官格)에 癸水가 용신이니, 금수목운(金水木運)이 아름답고 화토운(火土運)은 불리하다.

乙 甲 戊 庚
亥 戌 子 戌
乙甲癸壬辛庚己
未午巳辰卯寅丑

이 명조는 재(財)가 왕(旺)하고 살인(殺印)이 모두 약(弱)하니, 乙木을 취하여 戊土를 극제하고 살인(殺印)을 보존한다.
　재(財)가 병(病)이고 비겁(比刼)이 약(藥)이니, 여전히 칠살(七殺)을 인화하는 인수(印綬)를 취용(取用)한다.
　오직 재운(財運)을 꺼리고 나머지는 모두 행할 수 있는데, 소위 '인수(印綬)가 적으면 재(財)가 나타나는 것을 꺼린다'는 것이다.
　더욱 기쁜 것은 丁火가 고장(庫藏)에 암장하여 기세(氣勢)가 차갑지 않은데, 유병유약(有病有藥)이니 중화를 이룬 명조이다.
　이 명조는 부건파처격(夫健怕妻格)에 乙木이 용신이니, 수목운(水木運)이 길하고 화토금운(火土金運)은 대체로 불리하다.

癸 丙 庚 丙
巳 午 寅 午
丁丙乙甲癸壬辛
酉申未午巳辰卯

　이것은 본편(本篇)의 조(趙) 지부(知府)의 명조인데,
　寅午가 합하여 인수(印綬)가 비겁(比刼)으로 변하였으니 인수격(印綬格)으로 논하지 않는다.
　경금재성(庚金財星)을 취용하여 계수관성(癸水官星)을 생하는 것은 불역지법(不易之法)이다.
　재관(財官)이 지나치게 약하여 금수왕지(金水旺地)로 행하는 것을 기뻐하니, 壬辰 癸 15년이 가장 좋다.
　丙午일원이 양인(陽刃)을 깔고 앉았는데, 壬運에는 칠살(七殺)이 관성(官星)을 돕고 양인(陽刃)을 극제하니 꺼리지 않는다.
　巳運이후는 한결같이 목화운(木火運)이니 필시 행하기 어려웠을 것이다.
　이 명조는 염상격(炎上格)이고, 무근(無根)인 庚金이나 癸水가 용신일 수 없다.

제37장
식신격(食神格)을 논함

食神本屬洩氣, 以其能生正財, 所以喜之, 故食神生財, 美格也, 財要有根, 不必偏正疊出, 如身强食旺而財透, 大貴之格, 若丁未癸卯癸亥癸丑, 梁丞相之命是也, 己未壬申戊子庚申, 謝閣老之命是也.

식신(食神)은 본디 설기(洩氣)에 속하나, 정재(正財)를 생할 수 있기 때문에 기뻐한다. 고로 식신생재(食神生財)는 좋은 격이다.
재(財)는 응당 유근(有根)이어야 하나, 편정(偏正)이 첩출(疊出)할 필요는 없다.

만약 신강(身强)한데 식신(食神)이 왕하고 재(財)가 투출하였으면 대귀격(大貴格)이다.
가령 丁未·癸卯·癸亥·癸丑이라는 양(梁) 승상(丞相)의 명소가 이것이고,
己未·壬申·戊子·庚申이라는 사(謝) 각로(閣老)*의 명조가 이것이다.

*각로(閣老): 고칙(誥敕)을 담당하던 한림학사(翰林學士)에 대한 호칭.

```
癸 癸 癸 丁      庚 戊 壬 己
丑 亥 卯 未      申 子 申 未
丙丁戊己庚辛壬   乙丙丁戊己庚辛
申酉戌亥子丑寅   丑寅卯辰巳午未
```
왼쪽 명조는 식신생재격(食神生財格)에 丁火가 용신이고, 오른쪽 명조는 진상관용겁격(眞傷官用刦格)에 己土가 용신이다.

서락오평주(徐樂吾評註)

식신(食神)이라는 것은 재(財)의 뿌리이다.

일원이 왕성(旺盛)한 것은 기세(氣勢)가 응당 안돈(安頓)하여야 하고, 청영(菁英)이 유통하여야 기뻐하는데,

만약 신왕(身旺)하고 설기(洩氣)가 없어서 급신이지(及身而止)하면 반드시 좋은 명조가 아니다.

양(梁) 승상(丞相)의 명조는 癸水일원이 왕(旺)한데, 식신(食神)인 亥卯未가 합국(合局)하고 丁火가 투출하였다.

사(謝) 각로(閣老)의 명조는 庚金이라는 식신(食神)이 병령(秉令)하였고 子申이 재국(財局)을 이루었다.

두 명조는 모두 청순(淸純)이 극에 이르렀으니 마땅히 대귀(大貴)할 조짐인데, 복수(福壽)를 겸전(兼全)한 명조이다.

藏食露傷, 主人性剛, 如丁亥癸卯癸卯甲寅, 沈路分命是也, 偏正疊出, 富貴不巨, 如甲午丁卯癸丑丙辰, 龔知縣命是也.

식신(食神)은 암장하고 상관(傷官)이 투출하였으면 그 사람의 성질이 사나운데,
　가령 丁亥·癸卯·癸卯·甲寅이라는 심(沈) 노분(路分)*의 명조가 이것이다. (식신생재격에서)
　*노분(路分): 송·원 때의 행정구획인 노(路)라는 구역의 범위. 그 구역의 장(長).

편재(偏財)와 정재(正財)가 첩출(疊出)하였으면 부귀(富貴)가 크지 않은데,
　가령 甲午·丁卯·癸丑·丙辰이라는 공(龔) 지현(知縣)의 명조가 이것이다. (식신생재격에서)

甲	癸	癸	丁		丙	癸	丁	甲
寅	卯	卯	亥		辰	丑	卯	午
丙丁戊己庚辛壬					甲癸壬辛庚己戊			
申酉戌亥子丑寅					戌酉申未午巳辰			

　왼쪽 명조는 亥卯가 목국(木局)을 이루었고 설기(洩氣)가 태왕(太旺)하니 이에 아우생아종재격(兒又生兒從財格)이고,
　오른쪽 명조도 극설(剋洩)이 태왕(太旺)하여 종하지 않을 수 없으니 이에 가종살용재격(假從殺用財格)이다.

서락오평주(徐樂吾評註)
　오행의 간지(干支)는 음양(陰陽)이 배합하여야 순(順)인데 재관인(財官印)이 이것이고, 내가 생하는 것은 음양(陰陽)이 같은 것이 순

- 123 -

(順)인데 식신(食神)이 이것이다.
 순(順)하면 유정(有情)하고, 역(逆)하면 힘이 사납다.

 사람의 성정(性情)에서의 강유(剛柔)는 반드시 사주의 배합(配合)을 살펴보아야 하고, 암장과 투출로 구별하는 것은 아니다.

 가령 심(沈) 노분(路分)의 명조는 癸水가 비록 통근(通根)하였다고 할지라도,
 지지에 寅亥卯卯가 있어서 상관(傷官)이 태중(太重)하니 꺼리게도 발설(發洩)이 정도를 넘어선 것 같다.
 공(龔) 지현(知縣)의 명조는 癸水가 비록 辰丑에 통근하였다고 할지라도, 결국은 꺼리게도 왕하지 않으니 발복이 또한 클 수 없다.

 대체로 식상(食傷)이 용신이면 사람의 성질이 총명한데, 청화(菁華)가 퍼져나가고 수기(秀氣)가 유행(流行)하니 자연히 이러한 징험(徵驗)이 있다.

 또한 사주가 전부 양(陽)이면 사람의 성질이 강직(剛直)하고 방정(方正)하며 조급(燥急)하고, 전부가 음(陰)이면 사람의 성질이 침착하고 묵직하며 느릿느릿한데,
 역시 자연지세(自然之勢)이고 누차 시험하건대 누차 증험한다.

夏木用財, 火炎土燥, 貴多就武, 如己未己巳甲寅丙寅, 黃都督之命是也.

하목(夏木,목화상관)이 용재(用財)하면 화염토조(火炎土燥)하니 귀(貴)를 흔히 무(武)에서 취하는데,
가령 己未·己巳·甲寅·丙寅이라는 황(黃) 도독(都督)의 명조가 이것이다.

丙 甲 己 己
寅 寅 巳 未
壬癸甲乙丙丁戊
戌亥子丑寅卯辰
이 명조는 진상관용겁격(眞傷官用刦格)에 寅中甲木이 용신이다.

서락오평주(徐樂吾評註)
하목(夏木)이 용재(用財)하면 화염토조(火炎土燥)하니 반드시 인수(印綬)를 대동하여야 한다.
비록 반드시 용신이 되지는 않는다고 할지라도 조후(調候)를 취한 것이니 결코 빠져서는 아니 된다.

황(黃) 도독(都督)의 명조는 다행히 甲寅이 녹(祿)에 통근하였으니 참천지세(參天之勢)*가 이미 이루어졌다.
그러나 결국은 꺼리게도 편고(偏枯)하여 중화를 이룬 명조가 아니니, 고로 귀(貴)를 무(武)에서 취하였다.
*참천지세(參天之勢): 하늘을 찌를 듯이 높이 선 甲木의 기세(氣勢).

若不用財而就殺印, 最爲威權顯赫, 如辛卯辛卯癸酉己未, 常國公命是也, 若無印綬而單露偏官, 只要無財, 亦爲貴格, 如戊戌壬戌丙子戊戌, 胡會元命是也.

①만약 용재(用財)하지 않고 살인(殺印)을 취하면 가장 위권(威權)이 현혁(顯赫)하는데,
가령 辛卯 · 辛卯 · 癸酉 · 己未라는 상(常) 국공(國公)*의 명조가 이것이다.

*국공(國公): 군공(郡公)의 위이고 군왕(郡王)의 아래인 작위.

②만약 인수(印綬)는 없고 편관(偏官)만 투출하였는데, 재(財)가 없기만 하면 또한 귀격(貴格)이다.
가령 戊戌 · 壬戌 · 丙子 · 戊戌이라는 호(胡) 회원(會元)*의 명조가 이것이다.

*회원(會元): 회시(會試)에서 장원급제한 사람.

```
己 癸 辛 辛        戊 丙 壬 戊
未 酉 卯 卯        戌 子 戌 戌
甲乙丙丁戊己庚     己戊丁丙乙甲癸
申酉戌亥子丑寅     巳辰卯寅丑子亥
```
왼쪽 명조는 진상관용인격(眞傷官用印格)에 辛金이 용신이고, 오른쪽 명조는 극설(尅洩)이 태왕(太旺)하여 가종(假從)하는 명조인데 제살태과격(制殺太過格)에 壬水가 용신이다.

서락오평주(徐樂吾評註)
①용재(用財)하지 않는다는 것은 용식신(用食神)하지 않는다는 것의 오자(誤字)이다.

상(常) 국공(國公)의 명조는 乙木이 비록 월령이라고 할지라도 두 개의 卯木이 두 개의 辛金에 극(剋)당한다.

식신(食神)은 편인(偏印)에 탈식(奪食)당하였으니 용신이 될 수 없고, 칠살(七殺)을 인화하는 인수(印綬)가 용신이다.

칠살(七殺)은 위권(威權)을 주관하는데, 격국이 청순(淸純)하니 고로 현혁(顯赫)하였다.

②호(胡) 회원(會元)의 명조는 아름다운 곳이 전혀 나타나지 않았다.

일원이 비록 戌에 통근하였다고 할지라도 왕하지 아니하고, 戌土가 중중(重重)하여 제살(制殺)이 태과(太過)하니 가장 필요한 것은 인수(印綬)인데, 戌土의 태과(太過)를 제거하고 壬水를 덜어내며 丙火를 생하기 때문이다.

사주에 이러한 긴요지신(緊要之神)이 빠졌는데, 어찌하여 귀(貴)할 수 있었는가?

재(財)는 비록 土를 설기(洩氣)할 수 있다고 할지라도,

일원이 왕하지 않고 꺼리게도 재(財)는 당살(黨殺)하니, 고로 결단코 재(財)가 나타나서는 아니 된다.

다행히 중년이후에 행운이 丙寅 丁卯로 행하여서 木火가 잇달았으니 팔자의 부족을 족히 보충하였다.

그렇지 않았으면 어찌 발달할 수 있었을 것인가?

격(格)이 아름답다고 말하는 것은 운(運)이 아름답다고 말하는 것만 못하다.

若金水食神而用殺, 貴而且秀, 如丁亥壬子辛巳丁酉, 舒尙書命是也, 至於食神忌印, 夏火太炎而木焦, 透印不礙, 如丙午癸巳甲子丙寅, 錢參政命是也, 食神忌官, 金水不忌, 卽金水傷官可見官之謂.

①만약 금수식신(金水食神)이 용살(用殺)하면 귀하고 또한 빼어난데,
가령 丁亥·壬子·辛巳·丁酉라는 서(舒) 상서(尙書)의 명조가 이것이다. 조후(調候)

②식신격(食神格)은 인수(印綬)를 꺼리나, 여름에 火가 태왕(太旺)하여 木이 메마르면 인수(印綬)가 투출하여도 장애가 되지 않는다.
가령 丙午·癸巳·甲子·丙寅이라는 전(錢) 참정(參政)의 명조가 이것이다. 조후(調候)

③식신격(食神格)은 관성(官星)을 꺼리나 금수식신(金水食神)은 관성(官星)을 꺼리지 않는데,
즉 '금수상관(金水傷官)은 관성(官星)이 나타나도 괜찮다'는 것을 말하는 것이다. 조후(調候)

```
丁 辛 壬 丁          丙 甲 癸 丙
酉 巳 子 亥          寅 子 巳 午
乙丙丁戊己庚辛       庚己戊丁丙乙甲
巳午未申酉戌亥       子亥戌酉申未午
```

왼쪽 명조는 진상관용인격(眞傷官用印格)에 巳中戊土가 용신이고, 오른쪽 명조는 진상관용인격(眞傷官用印格)에 癸水가 용신이다.

서락오평주(徐樂吾評註)

취용지법(取用之法)은 억부(抑扶)가 바른 법도인데,

소위 '약(弱)한 것은 부조(扶助)하고 강(強)한 것은 억제(抑制)한다'는 것이 이것이다.

억부(抑扶)를 제외하고, 기후(氣候)를 조화하는 것도 또한 중요한 취용지법(取用之法)의 하나이다.

하목(夏木,목화식신)은 火가 뜨거워서 木이 메마르고, 동금(冬金, 금수식신)은 金水가 한랭(寒冷)하니 반드시 조화하여야 하는데, 즉 조화지신(調和之神)이 용신이다.

가령 서(舒) 상서(尙書)의 명조는 금수상관(金水傷官)이니 관살(官殺)이 나타나는 것을 기뻐하고,

전(錢) 참정(參政)의 명조는 목화상관(木火傷官)이니 인수(印綬)가 나타나는 것을 기뻐하는데, 모두 조후(調候)로 취용(取用)한 것이다.

至若單用食神, 作食神有氣, 有財運則富, 無財運則貧.

단독으로 용식신(用食神)하면 식신(食神)이 유기(有氣)하여야 하는데, 재운(財運)이 있으면 부유하고 재운(財運)이 없으면 가난하다.

서락오평주(徐樂吾評註)
단독으로 용식신(用食神)하는 것도 또한 반드시 일원(日元)의 왕약(旺弱)과 용신(用神)의 왕약(旺弱)과 사주배합(四柱配合)의 청잡(淸雜)을 살펴보아야 한다.

가령 모(某) 문인(聞人)*의 명조는 戊戌·辛酉·戊戌·辛酉인데, 양신성상(兩神成象)이고 왕(旺)하면서 청(淸)하다.
재운(財運)으로 행하는데 부귀를 어찌 의심할 것인가?
*문인(聞人): 이름이 널리 알려진 사람.

辛 戊 辛 戊
酉 戌 酉 戌
戊丁丙乙甲癸壬
辰卯寅丑子亥戌
　이 명조는 신약(身弱)하니 진상관용겁격(眞傷官用刦格)에 戊土가 용신이다.
　壬戌時라면 가상관격(假傷官格)에 辛金이 용신이다.

更有印來奪食, 透財以解, 亦有富貴, 須就其全局之勢而斷之, 至於食神而官殺競出, 亦可成局, 但不甚貴耳.

①인수(印綬)가 와서 탈식(奪食)하나 재(財)가 투출하여 해소하는 경우가 있다.
또한 부귀하는 경우가 있는데, 반드시 전국지세(全局之勢)를 살펴보고 단정하여야 한다.

②식신격(食神格)에 관살(官殺)이 경출(競出)하였어도 또한 성국(成局)할 수 있는데, 다만 크게 귀하지는 않을 뿐이다.

서락오평주(徐樂吾評註)
이것은 병약(病藥)으로 취용(取用)한 것이다.

①일원이 왕(旺)하면 식상(食傷)의 설수(洩秀)를 기뻐하는데,
인수(印綬)가 와서 탈식(奪食)하면 이 인수(印綬)가 병(病)이고, 재(財)가 인수(印綬)을 극하여 해소하면 재(財)가 약(藥)이다.
부귀(富貴)의 여부(與否)는 반드시 재성(財星)이 구해줄 수 있는가의 여부(與否)를 살펴보아야 한다.
가령 己亥·丙寅·甲寅·壬申이라는 한 명조는 甲木이 좌록(坐祿)하였으니 투출한 병화식신(丙火食神)이 희신(喜神)이고, 탈식(奪食)하는 임수인수(壬水印綬)가 병(病)이다.
아쉽게도 기토재성(己土財星)이 무근(無根)인데, 인수(印綬)를 극하는 것이 무력(無力)하니 병(病)이 중(重)하고 약(藥)이 경(輕)하다.
운이 서북(西北)으로 행하여 병신(病神)을 도와서 일으키니 형상파모(刑傷破耗)를 면하지 못하였다.

다만,

인수(印綬)와 식신(食神)이 있는데도 서로 장애가 되지 않는 경우가 있고, 비겁(比刦)이 호위하여 재(財)가 파인(破印)하지 않는 경우가 있는데, 반드시 전국(全局)의 배합(配合)을 살펴보아야 한다.

가령 己丑 · 丙寅 · 甲子 · 戊辰은 식신(食神)이 투출하였으나, 재인(財印)이 서로 장애가 되지 않으니 부귀하는 명조이다.

②식신격(食神格)에 관살(官殺)이 경출(競出)하였으면 반드시 전국(全局)에 장애가 되지 않아야 하는데, 똑같이 부귀하는 명조이다.

가령 辛卯 · 庚寅 · 甲辰 · 丙寅은 동방일기(東方一氣)인데, 식신(食神)이 수기(秀氣)를 토해낸다.

庚辛이라는 관살(官殺)이 경출(競出)한 것이 병(病)인데, 기쁘게도 무근(無根)이니 격국에 장애가 되지 않는다.

토금운(土金運)으로 행하여 파모(破耗)를 면하지 못하였으나, 만약 목화운(木火運)으로 행하였으면 명리양전(名利兩全)하였을 것이다.

```
壬 甲 丙 己      戊 甲 丙 己      丙 甲 庚 辛
申 寅 寅 亥      辰 子 寅 丑      寅 辰 寅 卯
己庚辛壬癸甲乙   己庚辛壬癸甲乙   癸甲乙丙丁戊己
未申酉戌亥子丑   未申酉戌亥子丑   未申酉戌亥子丑
```

첫 번째 명조는 가상관격(假傷官格)에 丙火가 용신이고, 두 번째 명조는 식신생재격(食神生財格)에 戊土가 용신이며, 세 번째 명조는 가상관격(假傷官格)에 丙火가 용신이다.

更有食神合殺存財, 最爲貴格.

또한 식신(食神)이 합살존재(合殺存財)하는 경우가 있는데, 가장 귀격(貴格)이다.

서락오평주(徐樂吾評註)
식신(食神)이 합살존재(合殺存財)한다고 하는데, 식신(食神)은 마땅히 상관(傷官)의 오자(誤字)이다.
식상(食傷)은 같은 종류이나, 식신(食神)은 합관(合官)하고 상관(傷官)이 합살(合殺)하기 때문이다.[1]

1) 양간(陽干)의 식신(食神)이 합관(合官)하고, 음간(陰干)의 상관(傷官)이 합살(合殺)한다.

가령 乙木이 丙火를 만나면 상관(傷官)이고 辛金을 만나면 칠살(七殺)인데, 丙火와 辛金이 합하면 칠살(七殺)이 일주를 공격하지 않으니 이에 귀하게 된다.

또한 상관(傷官)과 칠살(七殺)이 병투(並透)하였으나 서로 장애가 되지 않는 경우가 있는데, 이것은 지위(地位)의 배치(配置)가 마땅한 까닭이다.
가령 己亥·甲戌·癸亥·丙辰인데, 합살존재(合殺存財)이다.

또한 가령 여수평(余壽平) 중승(中丞,재상)의 명조는 丙辰·庚子·辛卯·乙未인데, 월령이 식신(食神)이나 용관성(用官星)한다.
식신(食神)이 생재(生財)하고 재(財)가 생관(生官)하여 지위(地位)의 배치(配置)가 마땅하니 귀격(貴格)이다.

```
丙 癸 甲 己        乙 辛 庚 丙
辰 亥 戌 亥        未 卯 子 辰
丁戊己庚辛壬癸     丁丙乙甲癸壬辛
卯辰巳午未申酉     未午巳辰卯寅丑
```

왼쪽 명조는 상관적살격(傷官敵殺格)에 甲木이 용신이고, 오른쪽 명조는 가종살용재격(假從殺用財格)이다.

至若食神透殺, 本忌見財, 而財先殺後, 食以間之, 而財不能黨殺, 亦可就貴, 如劉提台命, 癸酉辛酉己卯乙亥是也, 其餘變化, 不能盡述, 類而推之可也.

식신격(食神格)에 칠살(七殺)이 투출하였으면 본디는 재(財)를 꺼리는데,
재(財)가 앞(年)에 있고 칠살(七殺)이 뒤(時)에 있으며 식신(食神)이 가로막아서 재(財)가 당살(黨殺)할 수 없으면 또한 귀(貴)를 취할 수 있다.
가령 유(劉) 제태(提台,제독)의 명조인데, 癸酉·辛酉·己卯·乙亥가 이것이다.

그 나머지의 변화는 다 서술할 수가 없으니, 유추(類推)하여야 한다.

乙 己 辛 癸
亥 卯 酉 酉
甲乙丙丁戊己庚
寅卯辰巳午未申
이 명조는 己土가 무근(無根)이니 종살격(從殺格)이다.

서락오평주(徐樂吾評註)
식신격(食神格)에 칠살(七殺)이 투출하였으면 어찌하여 재성(財星)이 나타나는 것을 꺼리는가?
칠살(七殺)은 본디 꺼리게도 일주를 극하니, 고로 반드시 용식신(用食神)하여 극제하여야 하는데,
만약 재(財)가 나타나면 식신(食神)이 생재(生財)하고 재(財)가 칠

살(七殺)을 생한다.

　칠살(七殺)에 극제가 없을 뿐만이 아니고, 도리어 식신(食神)을 옮겨서 생살(生殺)하니 고로 꺼린다.

　그러나 가령 유(劉) 제태(提台)의 명조는 일원이 미약(微弱)하고 金과 木이 서로 다투는데, 비록 재(財)가 당살(黨殺)하지는 않는다고 할지라도 또한 오묘함도 나타나지 않았다.
　아마 중년의 丁巳 丙運에 15년 동안 칠살(七殺)을 인화하고 식신(食神)을 극제하여 아름다우니, 고로 귀함이 제태(提台)에 이르렀을 것이다.
　초운이 庚申이니, 유년(幼年)에는 반드시 간고(艱苦)하였을 것이다.

제38장
식신격(食神格)의 취운(取運)을 논함

　食神取運, 即以食神所成之局, 分而配之, 食神生財, 財重食輕, 則行財食, 財食重則喜幇身, 官殺之方, 俱爲不美.

　식신(食神)의 취운(取運)은 즉 식신(食神)으로 이루어진 격을 나누어서 배열한다.

　식신생재격(食神生財格)인데,
　신강(身强)하고 재(財)와 식신(食神)이 적으면 재운(財運)과 식신운(食神運)으로 행하여야 하고,
　신약(身弱)하고 재(財)와 식신(食神)이 많으면 방신운(幇身運)을 기뻐한다.
　관살운(官殺運)은 모두 아름답지 못하다.[1]

[1] 신강(身强)하면 관살운(官殺運)이 모두 아름답다.

　서락오평주(徐樂吾評註)
　식신생재격(食神生財格)은 신약(身弱)과 신왕(身旺)에 따라 다르니,
　신왕(身旺)하면 재운(財運)과 식신운(食神運)을 기뻐하고, 신약(身弱)하면 방신운(幇身運)을 기뻐한다.

만약 식신(食神)이 투출하였으면 비겁운(比刦運)은 모두 꺼리지 않으나, 관살운(官殺運)은 모두 꺼린다.[1]

1) 신강(身强)하면 관살운(官殺運)을 꺼리지 않는다.

신왕(身旺)한 것은 가령 본편(本篇)의 양(梁) 승상(丞相)의 명조이다.

癸 癸 癸 丁
丑 亥 卯 未
丙丁戊己庚辛壬
申酉戌亥子丑寅

이 명조는 오묘하게도 亥卯未가 삼합(三合)을 이루었고 丁火가 투출하였으니, 신강(身强)하고 식신(食神)이 왕한데 재(財)가 투출한 것이다.

목화운(木火運)은 본디 좋고 금수운(金水運)도 또한 길한데, 戊戌 10년에는 반드시 좌절이 있었을 것이다.

이 명조에서 만약 원국(原局)에 하나라도 壬水가 투출하여 丁火를 합하였으면 이와 같은 간법(看法)으로 볼 수 없으니, 금수목운(金水木運)을 기뻐하고 화토운(火土運)은 마땅하지 않았을 것이다.

이 명조는 식신생재격(食神生財格)에 丁火가 용신이니, 목화토운(木火土運)이 길하고 금수운(金水運)은 불리하다.

庚 戊 壬 己
申 子 申 未
乙丙丁戊己庚辛
丑寅卯辰巳午未

　土는 사우(四隅)에서 기거(寄居)하니 申도 또한 土의 장생(長生)이다.
　년(年)에서 己未를 만나 일원이 약(弱)하나 약(弱)하지 않고, 시상(時上)의 庚申이 식신(食神)의 전록(專祿)이며, 壬水가 申에서 장생(長生)하고 子申이 합국(合局)하였으니, 신강(身强)하고 재(財)와 식신(食神)이 모두 왕하다.
　庚金이 투출하였으니 방신(幇身)하는 己巳 戊辰運이 매우 좋고, 인수운(印綬運)도 또한 길한데, 이것은 항간에서 말하는 소위 '전록격(專祿格)'이다.
　희기편(喜忌篇)에서 '庚申時가 戊日을 만나면 이름하여 식신전왕지방(食神專旺之方)인데 세월(歲月)에서 甲丙卯寅을 만나면 이것은 만나도 만난 것이 아니다'라고 말하는데, 이 격(格)에 정확히 부합한나.
　이것은 본편(本篇)의 사(謝) 각로(閣老)의 명조인데, 또한 신왕(身旺)하고 식신(食神)이 왕(旺)한 경우이다.
　이 명조는 신약(身弱)하니 진상관용겁격(眞傷官用刧格)에 己土가 용신이다.

신약(身弱)하고 식신(食神)이 왕한 것은 가령 본편(本篇)의 심(沈)노분(路分)의 명조이다.

甲 癸 癸 丁
寅 卯 卯 亥
丙丁戊己庚辛壬
申酉戌亥子丑寅

癸水가 비록 亥에 통근하였다고 할지라도 亥卯가 합국(合局)하고, 일시(日時)가 寅卯이면서 甲木이 투출하였으니 식상(食傷)이 왕한데, 생재(生財)한다.
신약(身弱)하고 설기(洩氣)가 태중(太重)하니, 인수운(印綬運)으로 행하는 것이 가장 아름답다.
비겁운(比刦運)은 방신(幇身)하니 또한 아름다우나, 다만 지지가 마땅하고 천간은 마땅하지 않다.
壬水가 나타나면 정화재성(丁火財星)을 합거(合去)하고, 癸水가 나타나면 또한 쟁재(爭財)를 면하지 못한다.
비겁지지(比刦之地)인 북방(北方)의 亥子丑이 매우 아름답다.
이 명조는 아우생아종재격(兒又生兒從財格)이니, 목화토운(木火土運)이 길하고 금수운(金水運)은 불리하다.

또한 본편(本篇)의 공(龔) 지현(知縣)의 명조는 아래와 같다.

丙 癸 丁 甲
辰 丑 卯 午
甲癸壬辛庚己戊
戌酉申未午巳辰

동일한 신약(身弱)이라고 할지라도,
위의 명조는 식신(食神)이 많고 재(財)가 적으나, 이 명조는 식신(食神)은 적고 재(財)가 많은데, 신약(身弱)인 것은 동일하다.
고로 모두 방신운(幇身運)이 기쁜데,
방신(幇身)하는 가운데에도 식신(食神)이 많으면 인수운(印綬運)을 기뻐하고 재(財)가 많으면 비겁운(比刦運)을 기뻐한다.
이 명조가 뜻을 이룬 것은 틀림없이 壬申 癸酉運이었을 것이다.
또한 두 명조를 비교하건대,
심(沈) 노부(路分)의 명조는 격국이 청(淸)하나, 이 명조는 격국이 비교적 잡(雜)스럽다.
귀천(貴賤)과 고저(高低)가 나뉘는 것은 전적으로 청탁(淸濁)과 순잡(純雜)에 있는데,
그 격국이 협잡(夾雜)하면 비록 좋은 운에 있다고 할지라도 백리지존(百里之尊)에 불과할 뿐이다.
이 명조는 가종살용재격(假從殺用財格)이니, 목화토운(木火土運)이 길하고 금수운(金水運)은 불리하다.

食用殺印, 運喜印旺, 切忌財鄕, 身旺食傷亦爲福運, 行官行殺, 亦爲吉也.

식신격(食神格)이 용살인(用殺印)하면 인왕운(印旺運)을 기뻐하고, 재향(財鄕)은 절대로 꺼린다.

신왕(身旺)하면 식상운(食傷運)도 또한 좋은 운이고, 정관운(正官運)과 칠살운(七殺運)도 또한 길하다.

서락오평주(徐樂吾評註)
식신격(食神格)이 용살인(用殺印)한다는 것은 '월령의 식신(食神)을 버리고 용살인(用殺印)한다'는 것인데,
간법(看法)은 편관격(偏官格)이 용인(用印)하는 것과 같다.

용인(用印)하여 칠살(七殺)을 인화하니,
고로 파인(破印)하고 당살(黨殺)하는 재운(財運)을 가장 꺼리고, 관살운(官殺運)은 인수(印綬)의 인화가 있으니 도리어 길하다.
만약 신왕인왕(身旺印旺)하면 설수(洩秀)하는 식상운(食傷運)도 또한 좋다.

신약(身弱)하면 식상운(食傷運)이 마땅하지 않은데, 가령 본편(本篇)의 상(常) 국공(國公)의 명조이다.

己 癸 辛 辛
未 酉 卯 卯
甲乙丙丁戊己庚
申酉戌亥子丑寅

식신(食神)을 버리고 용살인(用殺印)하는 것이다.
　인수(印綬)가 왕하나 일주가 강(强)하지 않으니, 고로 재운(財運)을 가장 꺼리고 식상운(食傷運)도 또한 마땅하지 않으며,
　인수운(印綬運)과 비겁운(比刦運)이 가장 좋은 운이고, 관살운(官殺運)은 인수(印綬)의 인화가 있으니 또한 장애가 없다.
　가령 己丑 戊子 丁亥는 모두 좋은 운이다.
　丙戌運에는 戌이 卯를 합(合)하고 未를 형(刑)하는데, 이 10년은 모두 재운(財運)이니 필시 이어가기 어려웠을 것이다.
　이 명조는 진상관용인격(眞傷官用印格)에 辛金이 용신이다.

食神帶殺, 喜行印綬, 身旺食傷亦爲美運, 財則最忌, 若食太重而殺輕, 印運最利, 逢財反吉矣.

식신대살(食神帶殺)이면 인수운(印綬運)을 기뻐하고, 신왕(身旺)하면 식상운(食傷運)도 또한 좋은 운이나 재운(財運)은 가장 꺼린다.[1]

1)신왕(身旺)하면 재운(財運)을 꺼리지 않는다.

만약 식신(食神)이 지나치게 많고 칠살(七殺)이 적으면 인수운(印綬運)이 가장 이롭고, 재운(財運)은 도리어 길하다.

서락오평주(徐樂吾評註)
식신대살(食神帶殺)이란 '원국(原局)에 인수(印綬)가 없다'는 것을 말하는데,
이 단락은 반드시 세 구절로 나누어서 보아야 한다.

①신약(身弱)하고 칠살(七殺)이 일주를 극하는 경우이다.
식신(食神)의 설기(洩氣)는 많든 적든 모두 좋지 않으니, 인수운(印綬運)이 가장 이롭고 비겁운(比刼運)도 또한 좋다.

②신왕(身旺)하고 칠살(七殺)이 강한 경우이다.
식상(食傷)이 제살(制殺)하니 가장 귀격(貴格)인데 식상운(食傷運)을 기뻐하고, 오직 재운(財運)을 꺼린다.

③식신(食神)의 제살(制殺)이 태과(太過)한 경우이다.
칠살(七殺)은 적고 식신(食神)이 많다는 것인데, 반드시 칠살(七殺)을 부조(扶助)하여야 하니 고로 재운(財運)이 도리어 길하나, 인

수운(印綬運)의 아름다움에는 미치지 못한다.
 인수(印綬)는 식신(食神)의 태과(太過)를 제거하고 칠살(七殺)을 인화하면서 일주(日主)를 도우니, 하나에 세 가지의 작용이 있기 때문이다.
 가령 본편(本篇)의 호(胡) 회원(會元)의 명조이다.

戊 丙 壬 戊
戌 子 戌 戌
己戊丁丙乙甲癸
巳辰卯寅丑子亥

 이것은 식신(食神)의 제살(制殺)이 태과(太過)한 경우이다.
 甲乙은 인수운(印綬運)이니 좋고, 癸亥子丑은 관살운(官殺運)인데 도리어 길하며, 丙寅 丁卯는 겁인(刦印)이 방신(幇身)하니 가장 좋은 운이다.
 戊辰運을 가장 꺼리는데,
 丙火는 태양지화(太陽之火)이니 水가 날뛰면 절개를 드러내고 水를 두려워하지 않으나, 土가 많으면 자애로움을 이루니 土를 만나면 도리어 시드는 까닭이다. 간지절(干支節)을 살펴보라.
 이 명조는 제살태과격(制殺太過格)에 壬水가 용신이니, 금수목운(金水木運)이 길하고 화토운(火土運)은 불리하다.

```
乙 己 辛 癸
亥 卯 酉 酉
甲乙丙丁戊己庚
寅卯辰巳午未申
```

이것은 본편(本篇)의 유(劉) 제독(提督)의 명조이다.

비록 癸水와 乙木을 己土와 辛金이 가로막아서 재(財)가 당살(黨殺)하지 않는다고 할지라도, 다만 신약(身弱)하니 극설(剋洩)을 모두 꺼린다.

다행히 행하는 운이 己未 戊午 丁巳 丙辰으로 인수(印綬)와 비겁(比刦)이 잇달았으니, 고로 귀함이 제독(提督)에 이를 수 있었다.

그렇지 않았으면 격국이 비록 청(淸)하다고 할지라도 일에 있어서 유익하지 않았을 것이다.

만약 운이 돕지 않는다면 어찌 부귀를 바랄 수 있을 것인가?

이 명조는 己土가 무근(無根)이니 종살격(從殺格)이다.

수목운(水木運)이 좋고 화운(火運)은 기신(忌神)를 제거하니 또한 좋은데, 토금운(土金運)은 불리하다.

食神太旺而帶印, 運最利財, 食傷亦吉, 印則最忌, 官殺皆不吉也.

식신(食神)이 태왕(太旺)하나 인수(印綬)를 대동하고 있으면 재운(財運)이 가장 이롭고, 식상운(食傷運)도 또한 길하다.[1]
　인수운(印綬運)을 가장 꺼리고, 관살운(官殺運)은 모두 불길하다.
　1)식신(食神)이 태왕(太旺)하나 인수(印綬)가 있으면 진상관용인격(眞傷官用印格)이니, 재운(財運)과 식상운(食傷運)을 가장 꺼린다.

서락오평주(徐樂吾評註)
　'식신(食神)이 태왕(太旺)하나 인수(印綬)를 대동하고 있다'는 것은 종종 같지 않다.
　여름의 木이 火를 만났으면 火가 왕하여 木이 타버리니 인수운(印綬運)을 기뻐하는데, 水를 사용하여 木을 적신다.

　만약 식신(食神)이 왕하나 인수(印綬)가 있는데, 재운(財運)이 이로운 경우는 본편(本篇)에 그 예가 없다.
　이에 나의 친구인 이군(李君)의 명조를 별도로 아래와 같이 열거한다.

庚 丙 己 戊
寅 子 未 戌
丙乙甲癸壬辛庚
寅丑子亥戌酉申

丙火가 戌未에 통근하였는데, 시(時)에 寅이라는 인수(印綬)가 있다.

戊戌 己未로 土가 네 개를 차지하여 식신(食神)이 태왕(太旺)하니 재운(財運)이 가장 이로운데, 庚申 辛酉는 土를 설기(洩氣)하기 때문이다.[1]

관살운(官殺運)은 불리하다.

火土가 고조(枯燥)한데, 한 방울의 물을 더하면 건조함을 적시기는 부족하고 도리어 그 불꽃을 격발시키는 까닭이다.

설기(洩氣)가 이미 많으니 식상운(食傷運)은 반드시 복이 되는 것은 아니고, 인수운(印綬運)은 반드시 재앙이 되는 것은 아니나 좋은 운이 아니라는 것은 알 수 있다.

팔자의 배합(配合)이 각각 같지 않으니 희기(喜忌)가 일정하지 않는데, 다만 그 하나의 예를 들었을 뿐이다.

[1] 식상(食傷)이 태왕(太旺)하니 식상(食傷)을 설기(洩氣)하여야 한다는 것은 이치에 맞지 않다.
식상(食傷)이 극왕(極旺)하여 종아격(從兒格) 또는 아우생아종재격(兒又生兒從財格)을 이루었을 때에만 재운(財運)이 이로울 뿐이다.

이 명조는 진상관용인격(眞傷官用印格)에 寅中甲木이 용신이니, 목화운(木火運)이 아름답고 토금운(土金運)은 불리하며, 지지의 수운(水運)은 좋으나 천간의 수운(水運)은 좋지 않다.

庚申 辛酉에 좋았으면 부모의 음덕(陰德)일 뿐이다.

若食神帶印, 透財以解, 運喜財旺, 食傷亦吉, 印與官殺皆忌也.

만약 식신격(食神格)에 인수(印綬)가 있는데 투출한 재(財)가 해소하면 재왕운(財旺運)을 기뻐하고 식상운(食傷運)도 또한 길하나, 인수운(印綬運)과 관살운(官殺運)은 모두 꺼린다.

서락오평주(徐樂吾評註)

'식신격(食神格)에 인수(印綬)가 있으나 투출한 재(財)가 해소한다'는 것은 윗 글에서 '식신(食神)이 지나치게 많은데 인수(印綬)가 있다'는 것과는 다른 점이 있다.

윗 구절은 식신(食神)이 태왕(太旺)한데도 인수(印綬)가 식신(食神)을 극제할 수 없으니 부득이 용재(用財)하여 식상지기(食傷之氣)를 덜어낸다는 것이고,

이것은 일원이 왕하여 식상(食傷)의 설기(洩氣)를 기뻐하는데 인수(印綬)가 탈식(奪食)하여 용신을 상한다는 것이니 고로 '투출한 재(財)가 해소한다'라고 말하였다.

윗 구절은 중요함이 식신(食神)의 태왕(太旺)에 있는데, 이 구절은 식신(食神)이 왕(旺)하지 않다.

아래와 같이 별도로 예를 든다.

壬 甲 丙 己
申 寅 寅 亥
己庚辛壬癸甲乙
未申酉戌亥子丑

甲木이 寅月에 생하였는데, 丙火가 투출하였으니 본디는 목화통명지상(木火通明之象)이다.
 시상(時上)의 편인(偏印)이 탈식(奪食)하나 투출한 기토재성(己土財星)이 해소하는데, 아쉽게도 병(病)이 중(重)하고 약(藥)은 경(輕)하다.
 재왕운(財旺運)을 기뻐하고 식상운(食傷運)도 또한 길하나, 인수운(印綬運)과 관살운(官殺運)은 모두 꺼린다.
 이 명조는 아쉽게도 운이 서북(西北)의 관살운(官殺運)과 인수운(印綬運)으로 행하는데, 그렇지 않았으면 앞날의 성취를 헤아릴 수 없었을 것이다.
 이 명조는 가상관격(假傷官格)에 丙火가 용신이다.

이상은 일반적인 예(例)인 억부(抑扶)를 비추어서 논하고 취운(取運)한 것이다.

기후의 관계로 조후(調候)를 취용(取用)하면 마땅히 달리 논하여야 하는데,

가령 본편(本篇)의 서(舒) 상서(尙書)의 명조이다.

丁　辛　壬　丁
酉　巳　子　亥
乙丙丁戊己庚辛
巳午未申酉戌亥

금수식신(金水食神)이 용살(用殺)하니 금수상관(金水傷官)이 용관(用官)하는 것과 서로 같은데, 모두 조후(調候)한다는 뜻이다.

용신은 관성(官星)이니 운도 또한 재관운(財官運)을 기뻐한다.

가령 이 명조는 인겁지지(印刦之地)인 己酉 戊申에는 말할만한 영욕(榮辱)이 없으나, 丁未 丙午運은 가장 좋고, 乙巳 甲運도 또한 좋다.

원국(原局)에 金水가 한랭(寒冷)하니 일반적인 이치로 취용할 수 있는 것이 아니다.

이 명조는 진상관용인격(眞傷官用印格)에 巳中戊土가 용신이다.

또한 가령 본편(本篇)의 전(錢) 참정(參政)의 명조이다.

丙 甲 癸 丙
寅 子 巳 午
庚己戊丁丙乙甲
子亥戌酉申未午

목화상관(木火傷官)이 용인(用印)하는데, 역시 조후(調候)한다는 뜻이다.

인수(印綬)가 적으면 전적으로 인겁(印刼)이 용신인데,

가령 이 명조는 계수인수(癸水印綬)가 득록(得祿)하여 기상(氣象)이 중화(中和)를 이루었으니, 고로 丙申 丁酉運이 모두 좋은 운이다.

戊戌運에는 재(財)가 파인(破印)하니, 아마 벗어나지 못하였을 것이다.

이 명조는 진상관용인격(眞傷官用印格)에 癸水가 용신이다.

금수상관(金水傷官)이 용관(用官)하는 것과 목화상관(木火傷官)이 용인(用印)하는 것은 똑같은 조후(調候)인데, 그러나 다른 점이 있다.
금수상관(金水傷官)은 관성(官星)이 나타나지 않으면 아니 되나,
목화상관(木火傷官)은 인수(印綬)가 없더라도 만약 신강(身强)하면 또한 귀(貴)를 취할 수 있다.
가령 본편(本篇)의 황(黃) 도독(都督)의 명조이다.

丙 甲 己 己
寅 寅 巳 未
壬癸甲乙丙丁戊
戌亥子丑寅卯辰

甲木이 寅을 깔고 앉았는데, 시(時)에서 다시 寅을 만났으니 일원이 매우 왕(旺)하다.
일원이 왕하니, 설수(洩秀)를 또한 가용(可用)한다.
火가 많으면 木이 스스로 타버리는 재앙이 있는데, 이 명조는 오묘하게도 식신(食神)은 적고 재(財)가 많으니 火가 설기(洩氣)되었다.
결국은 꺼리게도 편고(偏枯)한데, 귀(貴)는 흔히 무직(武職)에서 취한다.
행운은 여전히 인겁운(印劫運)이 마땅하니 乙丑 甲子 癸亥 壬 35년이 가장 이로운데, 비록 명조가 아름답다고 할지라도 역시 운이 도와야 한다.
이 명조는 진상관용겁격(眞傷官用刦格)에 寅中甲木이 용신인데, 운로가 매우 아름답다.

제39장
편관격(偏官格)을 논함

殺以攻身, 似非美物, 而大貴之格, 多存七殺, 皆控制得宜, 殺爲我用, 如大英雄大豪傑, 似難駕馭, 而處之有力, 則驚天動地之功, 忽焉而就, 此王侯將相所以多存七殺也.

칠살(七殺)은 일주를 공격하니 좋지 않은 것 같으나, 대귀격(大貴格)은 흔히 칠살격(七殺格)에 있다.

제어가 마땅함을 얻으면 칠살(七殺)도 나의 용신인데,
가령 대영웅과 대호걸은 제어하기 어려운 것 같으나 사리에 맞는 곳에 처해 두면 경천동지(驚天動地)하는 공(功)을 어찌 이루지 않을 것인가?

왕후장상(王侯將相)은 이에 흔히 칠살격(七殺格)에 있다.

서락오평주(徐樂吾評註)
정관(正官)과 칠살(七殺)은 똑같은 종류이나, 그 작용에 있어서는 다른 점이 있다.

정관(正官)은 양(陽)이 음(陰)을 만난 것이고 음(陰)이 양(陽)을 만난 것이니 다른 종류가 서로 이끌어 들이는데,
칠살(七殺)은 양(陽)이 양(陽)을 만난 것이고 음(陰)이 음(陰)을

만난 것이니 같은 종류가 서로 겨룬다.

  고로 정관(正官)과 칠살(七殺)은 비록 똑같이 일주를 공격하는 것일지라도 유정(有情)과 무정(無情)으로 나뉜다.
  정관(正官)은 상하여서는 아니 되고, 칠살(七殺)은 마땅히 극제하여야 하는 것도 또한 이러한 까닭이다.

  그러나 정관(正官)이 많아서 신약(身弱)하면 정관(正官)은 칠살(七殺)과 같고, 칠살(七殺)이 약하고 신강(身强)하면 칠살(七殺)은 정관(正官)과 같은데,
  이것은 알지 않으면 아니 된다.

七殺之格局亦不一, 殺用食制者, 上也, 殺旺食强而身健, 極爲貴格, 如乙亥乙酉乙卯丁丑, 極等之貴也.

칠살격(七殺格)도 또한 한결같지 않다.

<u>칠살격(七殺格)이 용식신(用食神)하는 것은 상격(上格)</u>인데, 살왕식강(殺旺食强)하고 일주가 강건하면 극히 귀격(貴格)이다.
가령 乙亥·乙酉·乙卯·丁丑은 극등지귀(極等之貴)이다.

丁 乙 乙 乙
丑 卯 酉 亥
戊己庚辛壬癸甲
寅卯辰巳午未申
이 명조는 식신생재격(食神生財格), 재자약살격(財滋弱殺格)에 丑中己土가 용신이다.

서락오평주(徐樂吾評註)
살왕식강(殺旺食强)은 양간(陽干)과 음간(陰干)이 같지 않다.
음간(陰干)은 살왕(殺旺)을 두려워하지 않으니 단지 식신(食神)의 극제가 있기만 하면 되는데, 양간(陽干)은 반드시 일주가 강건하여야 한다.
그렇지 않으면 극설교가(剋洩交加)이니 용인(用印)하지 않으면 아니 된다.

위의 명조는 亥卯가 회국(會局)하였으나, 酉丑이 회국(會局)하였으니 확실히 제살(制殺)하는 격국에 부합한다.
더욱 얻기 어려운 것은 사주가 청순(淸純)하고 한잡지신(閒雜之

神)이 하나도 없는 것인데, 이에 마땅히 극등지귀(極等之貴)였다.

용신(用神)과 격국(格局)의 고저편(高底篇)에 있는 염석산(閻錫山), 상진(商震), 육영정(陸榮廷)의 명조를 참조하여 살펴보라.

殺用食制, 不要露財透印, 以財能轉食生殺, 而印能去食護殺也, 然而財先食後, 財生殺而食以制之, 或印先食後, 食太旺而印制之, 格成大貴, 如脫脫丞相命, 壬辰甲辰丙戌戊戌, 辰中暗殺, 壬以透之, 戊坐四支, 食太重而透甲印以損太過, 豈非貴格, 若殺强食淺而印露, 則破局矣.

칠살격(七殺格)이 용식신(用食神)하면 재(財)가 투출하거나 인수(印綬)가 투출할 필요가 없는데,
재(財)는 식신(食神)을 옮겨서 생살(生殺)할 수 있고, 인수(印綬)는 식신(食神)을 극제하고 칠살(七殺)을 호위할 수 있기 때문이다.

그러나 재(財)가 앞(年)에 있고 식신(食神)이 뒤(時)에 있어서 재(財)가 생살(生殺)하더라도 식신(食神)이 극제하거나,
혹은 인수(印綬)가 앞(月)에 있고 식신(食神)이 뒤(時)에 있는데 식신(食神)이 태왕(太旺)하나 인수(印綬)가 극제하면 대귀격(大貴格)을 이룬다.

가령 탈탈(脫脫) 승상(丞相)의 명조는 壬辰 · 甲辰 · 丙戌 · 戊戌인데,
辰중에 칠살(七殺)이 암장되어 있고 壬水가 투출하였으나, 戊土가 네 지지를 깔고 앉아서 식신(食神)이 태중(太重)하다.
갑목인수(甲木印綬)가 투출하여 태과(太過)한 戊土를 극제하는데, 어찌 귀격(貴格)이 아닐 것인가?

만약 칠살(七殺)이 강하고 식신(食神)이 약한데, 인수(印綬)가 투출하였으면 파격(破格)이다.

```
戊 丙 甲 壬
戌 戌 辰 辰
辛庚己戊丁丙乙
亥戌酉申未午巳
```
이 명조는 진상관용인격(眞傷官用印格)에 甲木이 용신이다.

서락오평주(徐樂吾評註)

칠살격(七殺格)이 용식신(用食神)하는 경우에는 재인(財印)의 병투(並透)가 마땅하지 않는데, 논하는 바가 매우 정밀하다.

인용한 탈탈(脫脫) 승상(丞相)의 명조는 식신(食神)의 설기(洩氣)가 태중(太重)하니 갑목인수(甲木印綬)로 그 태과(太過)를 극제하는데, 겸하여 일원을 생조(生助)하니 이에 丙午 丁未로 행할 때에 대귀(大貴)하였다.

壬水는 甲木에 설기(洩氣)되었으니 다시 취용할 수 없는데, 천간의 壬甲丙戊가 순서대로 상생하는 것이 또한 귀할 조짐이다.

재(財)가 앞에 있고 식신(食神)이 뒤에 있는 경우이다.

가령 현대(現代)의 참모총장(參謀總長)이었던 정잠(程潛)의 명조는 壬午 · 癸卯 · 己巳 · 辛未인데, 확실히 이 격에 부합한다.

년월(年月)에서 재(財)가 생하여 칠살(七殺)이 왕한데, 시상(時上)의 식신(食神)이 극제한다.

己土가 午에 득록(得祿)하였고 未에 통근(通根)하여 신왕(身旺)한데, 식신(食神)과 칠살(七殺)이 모두 청(淸)하니 진실로 대귀(大貴)

할 징조이다.

　만약 辛金이 년월(年月)에 있었으면 식신(食神)이 생재(生財)하고 재(財)가 생살(生殺)하는 격국(格局)이 되었을 것이고,

　午중에서 정화인수(丁火印綬)가 만약 투출하였으면 식신(食神)이 약한데도 인수(印綬)가 투출하여 편인(偏印)이 탈식(奪食)하니, 모두 파격(破格)이다.

```
辛 己 癸 壬
未 巳 卯 午
庚己戊丁丙乙甲
戌酉申未午巳辰
```
이 명조는 가상관격(假傷官格)에 辛金이 용신이다.

有七殺用印者, 印能護殺, 本非所宜, 而殺印有情, 便爲貴格, 如何參政命, 丙寅戊戌壬戌辛丑, 戊與辛同通月令, 是殺印有情也.

칠살격(七殺格)이 용인(用印)하는 경우가 있다.

인수(印綬)는 칠살(七殺)을 호위할 수 있으니 본디는 마땅한 바가 아니나, 살인(殺印)이 유정(有情)하면 곧 귀격(貴格)이다.

가령 하(何) 참정(參政)의 명조는 丙寅·戊戌·壬戌·辛丑인데,
戊土와 辛金이 월령에 함께 통근(通根)하였으니 살인(殺印)이 유정(有情)하다.

辛 壬 戊 丙
丑 戌 戌 寅
乙甲癸壬辛庚己
巳辰卯寅丑子亥

이 명조는 살중용인격(殺重用印格)에 辛金이 용신이다.

서락오평주(徐樂吾評註)
관살(官殺)은 모두 재인(財印)으로 보좌하나, 다만 재인(財印)은 병용(並用)할 수 없다.
하(何) 참정(參政)의 명조는 오묘하게도 재(財)가 년간(年干)에 있는데,
재(財)가 칠살(七殺)을 생하고 칠살(七殺)이 인수(印綬)을 생하며 인수(印綬)가 일주를 생하니 재(財)가 인수(印綬)을 극하지 않는다.

지위(地位)의 배치(配置)가 마땅함을 얻었으니 곧 귀격(貴格)이 되었다.

만약 辛丑과 戊戌이 위치를 바꿨으면 재(財)가 인수(印綬)를 극하고 칠살(七殺)이 일주(日主)를 공격하니 빈천한 격국이 되었을 것이다.

亦有殺重身輕, 用食則身不能當, 不若轉而就印, 雖不通根月令, 亦爲無情而有情, 格亦許貴, 但不大耳.

또한 살중신경(殺重身輕)인 경우가 있는데,
용식신(用食神)하면 일주가 감당할 수 없으니 도리어 인수(印綬)를 취하는 것만 못하다.

비록 월령(月令)에 통근(通根)하지는 않았다고 할지라도 역시 무정(無情)이 유정(有情)으로 변하였으니 또한 귀격(貴格)인데, 다만 크지 않을 뿐이다.

서락오평주(徐樂吾評註)
식신제살(食神制殺)은 신강(身强)하다는 것이 전제 조건이다.
신약(身弱)하면 극설교가(剋洩交加)여서 일주가 감당할 수 없으니, 도리어 인수(印綬)를 취용하여야 한다.

가령 상(常) 국공(國公)의 명조는 辛卯・辛卯・癸酉・己未이다.
살중신경(殺重身輕)이니 식신(食神)을 버리고 인수(印綬)를 취하는데, 용인(用印)하여 칠살(七殺)을 인화한다.
격국이 청순(淸純)하니 동일하게 귀(貴)를 취하였다.

己 癸 辛 辛
未 酉 卯 卯
甲乙丙丁戊己庚
申酉戌亥子丑寅
이 명조는 진상관용인격(眞傷官用印格)에 辛金이 용신이다.

有殺而用財者, 財以黨殺, 本非所喜, 而或食被印制, 不能伏殺, 而財以去印存食, 便爲貴格, 如周丞相命, 戊戌甲子丁未庚戌, 戊被甲制, 不能伏殺, 時透庚財, 卽以淸食者, 生不足之殺, 生殺卽以制殺, 兩得其用, 尤爲大貴.

칠살격(七殺格)이 용재(用財)하는 경우가 있다.

재(財)는 칠살(七殺)을 도우니 본디는 기뻐하는 바가 아니나,
혹 식신(食神)이 인수(印綬)에 극(剋)당하여 칠살(七殺)을 제복(制伏)할 수 없는데, 재(財)가 인수(印綬)를 제거하고 식신(食神)을 보존하면 곧 귀격(貴格)이다.

가령 주(周) 승상(丞相)의 명조는 戊戌·甲子·丁未·庚戌인데,
戊土가 甲木에 극(剋)당하여 칠살(七殺)을 제복(制伏)할 수 없으나, 시(時)에 경금재성(庚金財星)이 투출하였다.
식신(食神)을 청(淸)하게 하는 것이 부족한 칠살(七殺)을 생하는데, 생살(生殺)이 곧 제살(制殺)로 이어져서 두 가지의 작용을 얻었으니 더욱 대귀(大貴)하였다.

庚 丁 甲 戊
戌 未 子 戌
辛庚己戊丁丙乙
未午巳辰卯寅丑

이 명조는 丁火가 지나치게 설기(洩氣)되고 甲木은 동목(凍木)이니 생화(生火)하지 못한다. 이에 가종살용재격(假從殺用財格)이다.

서락오평주(徐樂吾評註)

재(財)와 인수(印綬)는 똑같이 칠살(七殺)을 보좌한다.

신강살약(身強殺弱)하면 용재(用財)하여 자살(滋殺)하여야 하니, 재(財)가 용신이 될 수 없는 것은 아니다.

가령 己酉·丙寅·庚申·庚辰은 庚金이 극왕(極旺)하고 丙火의 뿌리가 약하니 반드시 용재(用財)하여 자살(滋殺)하여야 한다.

동남(東南)의 목화운(木火運)으로 행하여 벼슬길이 현혁(顯赫)하였는데, 즉 강한 것을 억제하고 약한 것을 부조(扶助)한다는 이치이다.

주(周) 승상(丞相)의 명조는 용재(用財)하여 인수(印綬)를 제거하고 식신(食神)을 보존하니 병약(病藥)으로 취용(取用)한 것이다.

戌未에는 모두 丁火가 암장(暗藏)하고 있으니 일원이 약하지 않는데,

팔자에 土가 네 개이고 水가 하나이니 제살태과(制殺太過)가 첫 번째 병(病)이고, 子水가 고단(孤單)한데 다시 꺼리게도 甲木이 나타나서 설기(洩氣)하는 것이 두 번째 병(病)이다.

甲木이 무근(無根)이니 인수(印綬)를 버리고 재(財)를 취용하는데, 土를 설기(洩氣)하고 약살(弱殺)을 자생(滋生)하니 진실로 두 가지의 작용을 얻었다.

서(書)에서 '병(病)이 있어야 비로소 귀(貴)하다'라고 말하는데, 구해주는 약(藥)이 있으면 즉 귀할 조짐이다.

庚　庚　丙　己
辰　申　寅　酉
己庚辛壬癸甲乙
未申酉戌亥子丑

이 명조는 재자약살격(財滋弱殺格)에 寅中甲木이 용신이다.

又有身重殺輕, 殺又化印, 用神不淸, 而借財以淸格, 亦爲貴格, 如甲申乙亥丙戌庚寅, 劉運使命是也.

또한 신강살약(身强殺弱)하나 칠살(七殺)이 또한 인수(印綬)로 변하여 용신이 청(淸)하지 않는 경우가 있는데,
재(財)가 격국을 청(淸)하게 하면 또한 귀격(貴格)이다.

가령 甲申 · 乙亥 · 丙戌 · 庚寅이라는 유(劉) 운사(運使)의 명조가 이것이다.

庚 丙 乙 甲
寅 戌 亥 申
壬辛庚己戊丁丙
午巳辰卯寅丑子

이 명조는 재자약살격(財滋弱殺格)에 申中庚金이 용신이다.

서락오평주(徐樂吾評註)

유(劉) 운사(運使)의 명조는 寅亥가 비록 합(合)한다고 할지라도 申이 멀리서 충(沖)하여 그 합(合)을 해소하고,

乙木이 庚金을 합(合)하고 이끌어서 가깝게 하니 신궁(申宮)의 기(氣)에 통하였다.

寅戌이 丙火를 공합(拱合)하여 일원이 매우 왕(旺)하니, 또한 재자약살(財滋弱殺)로 취용(取用)한다.

재(財)를 빌려서 격국을 청(淸)하게 하는 것은 그러나 신강(身强)이 아니면 불가하다.

更有雜氣七殺, 干頭不透財以淸用, 亦可取貴.

재차 잡기칠살(雜氣七殺)이 있는데,
간두에 재(財)가 투출하지 않아서 용신이 청(淸)하면 또한 귀(貴)를 취할 수 있다.

서락오평주(徐樂吾評註)

무릇 칠살(七殺)이 용신인 것은 재(財)로 생하거나 인수(印綬)로 인화하거나 식신(食神)으로 극제하는 세 가지를 제외하고, 단독으로 취용하는 경우는 없다.
잡기칠살(雜氣七殺)은 어찌 예외일 수 있을 것인가?

가령 나의 명조는 丙戌 · 壬辰 · 丙申 · 丙申이다.
잡기칠살(雜氣七殺)인데, 천간에 재(財)가 투출하지 않았으니 재자약살(財滋弱殺)로 취용할 수 없고, 또한 식신제살(食神制殺)로 취용할 수도 없다.
여기(餘氣)인 乙木이 辰에 암장되어 있고, 또한 공망(空亡)에 빠졌으니 칠살(七殺)을 인화하는 것이 무력(無力)하다.
다만 배합(配合)에서 필요하니 인수(印綬)를 취용하여야 마땅한데, 즉 통관(通關)이 이것이다. 인수(印綬)가 만약 유력(有力)하면 또한 귀(貴)를 취할 수 있다.

간두에 재(財)가 투출하지 않아야 용신이 청(淸)한데, 본디 잡기(雜氣)만이 그러한 것은 아니다.
가령 위의 탈탈(脫脫) 승상(丞相)의 명조는 용인(用印)하여 식신(食神)을 극제하고 칠살(七殺)을 보존하였으니 귀(貴)를 취하였는데, 반드시 재(財)가 투출하여야 하는 것은 아니다. (壬辰, 甲辰, 丙戌, 戊戌)

丙　丙　壬　丙
申　申　辰　戌
己戊丁丙乙甲癸
亥戌酉申未午巳
이 명조는 가종살용재격(假從殺用財格)이다.

有殺而雜官者, 或去官, 或去殺, 取淸則貴, 如岳統制命, 癸卯丁巳庚寅庚辰, 去官留殺也, 夫官爲貴氣, 去官何如去殺, 豈知月令偏官, 殺爲用而官非用, 各從其重, 若官格雜殺而去官留殺, 不能如是之淸矣, 如沈郎中命, 丙子甲午辛亥辛卯, 子沖午而剋殺, 是去殺留官也.

칠살격(七殺格)에 정관(正官)이 혼잡한 경우가 있는데,
거관(去官)하거나 혹 거살(去殺)하여 취청(取淸)하였으면 귀하게 된다.
가령 악(岳) 통제(統制)*의 명조는 癸卯・丁巳・庚寅・庚辰인데, 거관유살(去官留殺)이다.

*통제(統制): 출정군의 장수.

대저 관성(官星)은 귀기(貴氣)인데, 거관(去官)이 어찌하여 거살(去殺)과 같은가?
'월령이 편관(偏官)이니 칠살(七殺)이 용신이고 정관(正官)은 용신이 아니며, 각각 그 중(重)한 것을 좇아야 한다'는 것을 어찌 알겠는가?
만약 정관격(正官格)에 칠살(七殺)이 혼잡하였는데, 거관유살(去官留殺)하였으면 이와 같이 청(淸)할 수 없다.

가령 심(沈) 낭중(郎中)*의 명조는 丙子・甲午・辛亥・辛卯인데,
子가 午를 충(沖)하여 칠살(七殺)을 극하였으니 이것은 거살유관(去殺留官)이다.

*낭중(郎中): 육부(六部)의 각사(各司)의 장.

```
庚 庚 丁 癸       辛 辛 甲 丙
辰 寅 巳 卯       卯 亥 午 子
庚辛壬癸甲乙丙    辛庚己戊丁丙乙
戌亥子丑寅卯辰    丑子亥戌酉申未
```

왼쪽 명조는 아능구모격(兒能救母格)에 癸水가 용신이고, 오른쪽 명조는 종살용재격(從殺用財格)이다.

서락오평주(徐樂吾評註)

정관(正官)과 칠살(七殺)은 비록 같은 종류라고 할지라도 각각에 분야(分野)가 있다.

가령 형제는 대외적으로는 일가(一家)이나, 안에서는 형은 형이고 동생은 동생이며 각각 문호(門戶)가 나누니 서로 혼잡(混雜)하지 않는다.

고로 통근(通根)으로 말하면 巳午未寅戌은 똑같이 丙丁의 뿌리이나, 그 작용(作用)을 이야기하면 각각 그 중(重)한 것을 좇는데, 득시병령(得時秉令)하였기 때문이다.

팔자는 취청(取淸)하여야 귀(貴)하게 되는데, 거관(去官)이나 혹은 거살(去殺)을 논하지 않는다.

악(岳) 통제(統制)와 심(沈) 낭중(郎中)의 명조는 똑같이 칠살격(七殺格)에 정관(正官)이 혼잡하였으나 현저하게 높낮이가 있는데, 월령이 칠살(七殺)이면 칠살(七殺)이 진신(眞神)이기 때문이다.

악(岳) 통제(統制)의 명조는 癸水가 丁火를 제거하고 巳中丙火가 용신이니 거관용살(去官用殺)인데, 진신(眞神)이 득용(得用)하였다.

심(沈) 낭중(郎中)의 명조는 子水가 午火를 충(沖)하여 당령한 진신(眞神)을 제거하였고 년상(年上)의 丙火가 남았으니, 이것은 진신

(眞神)을 제거하고 가신(假神)을 취용한 것이다.

적천수(滴天髓)에서 '진신득용평생귀,용가종위녹록인(眞神得用平生貴,用假終爲碌碌人)'*이라고 말하는 것이 이것이다.

*진신득용평생귀,용가종위녹록인(眞神得用平生貴,用假終爲碌碌人): 진신(眞神)이 득용(得用)하면 평생 귀하나, 가신(假神)이 용신이면 끝내는 보잘것없는 사람이다.

다만 이것은 전적으로 거류(去留)와 취청(取淸)을 취하여 말한 것이다.

만약 전국(全局)을 취하여 논하면,

악(岳) 통제(統制)의 명조는 비록 寅卯辰이 전부 있어서 재생살왕(財生殺旺)하다고 할지라도 辰은 습토(濕土)이고 巳는 장생(長生)이니 신강(身强)한데, 제살(制殺)이 약(弱)하니 운이 제살지향(制殺之鄕)으로 행할 때에 칠살(七殺)이 권세로 변하였다.

심(沈) 낭중(郎中)의 명조는 비록 또한 재왕생관(財旺生官)한다고 할지라도 辛金이 무근(無根)인데,

만약 子水가 午火를 충거(沖去)하지 않았으면 왕살(旺殺)이 일주를 공격하였을 것이다.

믿는 바는 서방(西方)의 申酉 戊戌 己運인데, 방신(幇身)하고 관살(官殺)을 인화하기 때문이다.

이 두 명조는 높낮이가 뚜렷이 나뉘어지는데, 단지 거관(去官)과 거살(去殺)로만 나뉘는 것이 아니다.

有殺無食制而用刃當殺者, 如戊辰甲寅戊寅戊午, 趙員外命是也.

칠살격(七殺格)에 식신(食神)의 극제가 없고 용양인(用陽刃)하여 칠살(七殺)에 맞서는 경우가 있는데,
가령 戊辰·甲寅·戊寅·戊午라는 조(趙) 원외(員外)*의 명조가 이것이다.
*원외(員外): 상서성(尙書省)의 정원 외의 벼슬. 정 6품.

戊 戊 甲 戊
午 寅 寅 辰
辛庚己戊丁丙乙
酉申未午巳辰卯
이 명조는 살중용인격(殺重用印格)에 午中丁火가 용신이다.

서탁오평주(徐樂吾評註)
이 명조는 왕살(旺殺)이 병령(秉令)하였으니 진신득용(眞神得用)이다.
寅午가 회국(會局)을 이루어서 칠살(七殺)을 인화하고 일주를 생하는데, 용신이 극히 뚜렷하고 또한 청순(淸純)하니 귀할 수 있었다.

至書有制殺不可太過之說, 雖亦有理, 然運行財印, 亦能發福, 不可執一也, 乃若棄命從殺, 則於外格詳之.

서(書)에 '제살(制殺)은 태과(太過)하여서는 아니 된다'는 학설이 있는데,

비록 이치가 있다고 할지라도, 그러나 재운(財運)이나 인수운(印綬運)으로 행하면 또한 발복할 수 있으니 하나를 고집하여서는 아니 된다.

만약 기명종살(棄命從殺)이면 외격(外格)에서 상세하게 살펴보라.

서락오평주(徐樂吾評註)

제살태과(制殺太過)라는 것은 태과(太過)가 병(病)이니, 그 병신(病神)을 제기하면 자연히 발복(發福)할 수 있다.

다만 용재(用財)와 용인(用印)에는 또한 차이가 있다.
신왕(身旺)한 것은 재(財)가 마땅하고 인수(印綬)는 마땅하지 않으며, 신약(身弱)한 것은 인수(印綬)가 마땅하고 재(財)는 마땅하지 않다.

가령 壬辰·丙午·丙午·壬辰은 신강(身强)하나, 두 개의 칠살(七殺)을 네 개의 식신(食神)이 극하는데 金運에 대발(大發)하였다.
이것은 재(財)가 마땅하고 인수(印綬)는 마땅하지 않은 경우이다.

또한 甲寅·戊辰·壬辰·壬寅은 제살태과(制殺太過)이고 신약(身弱)한데, 金運을 만나서 대발(大發)하였다.

이것은 인수(印綬)가 마땅하고 재(財)는 마땅하지 않은 경우이다.

또한 가령 식신절(食神節)에서 논한 호(胡) 회원(會元)의 명조는 戊戌・壬戌・丙子・戊戌이니 또한 제살태과(制殺太過)인데,
일주가 왕하지 않으니 인수운(印綬運)이 마땅하고 재(財)가 나타나는 것은 마땅하지 않다.

재인(財印)은 병립(並立)할 수 없으니,
인수(印綬)를 기뻐하는 것은 반드시 재(財)를 기뻐하지 않고, 재(財)를 기뻐하는 것은 반드시 인수(印綬)를 기뻐하지 않는다.

```
壬 丙 丙 壬      壬 壬 戊 甲      戊 丙 壬 戊
辰 午 午 辰      寅 辰 辰 寅      戌 子 戌 戌
癸壬辛庚己戊丁   乙甲癸壬辛庚己   己戊丁丙乙甲癸
丑子亥戌酉申未   亥戌酉申未午巳   巳辰卯寅丑子亥
```
첫 번째 명조는 시상일위귀격(時上一位貴格)에 시상(時上)의 壬水가 용신이고,
두 번째 명조는 식신제살격(食神制殺格)에 甲木이 용신이며,
세 번째 명조는 가종살격(假從殺格)인데 제살태과격(制殺太過格)에 壬水가 용신이다.

제40장
편관격(偏官格)의 취운(取運)을 논함

偏官取運, 卽以偏官所成之局, 分而配之, 殺用食制, 殺重食輕則助食, 殺輕食重則助殺, 殺食均而日主根輕則助身, 忌正官之混雜, 畏印綬之奪食.

편관격(偏官格)의 취운(取運)은 즉 편관(偏官)으로 이루어진 격을 나누어서 배열한다.

<u>칠살격(七殺格)이 용식신(用食神)하는데</u> 칠살(七殺)은 많고 식신(食神)이 적으면 식신(食神)을 부조(扶助)하여야 하고,
칠살(七殺)은 적고 식신(食神)이 많으면 칠살(七殺)을 부조(扶助)하여야 하며,
칠살(七殺)과 식신(食神)이 균등하고 일주의 뿌리가 약하면 일주를 부조(扶助)하여야 한다.
정관(正官)의 혼잡(混雜)을 꺼리고, 인수(印綬)의 탈식(奪食)을 두려워한다.

서락오평주(徐樂吾評註)
'칠살격(七殺格)이 용식신(用食神)한다'는 것은 즉 식신제살격(食神制殺格)인데,
살경식중(殺輕食重)이나 살중식경(殺重食輕)을 논하지 않고 모두 <u>신강(身强)</u>이 제 1의 요건이다.

칠살(七殺)은 일주를 극하고 식신(食神)은 설기(洩氣)하는데, 적(敵)으로서 적(敵)을 제어하는 것은 신강(身强)이 아니면 취용할 수 없기 때문이다.

일주가 강건(剛健)하고 살왕식강(殺旺食强)하면 극히 귀격(貴格)이다.

만약 신약(身弱)하면 용인(用印)하여 식신(食神)을 극제하고 칠살(七殺)을 인화하지 않으면 아니 되는데, 만약 사주에 인수(印綬)가 없으면 결단코 좋은 명조가 아니다.

신강(身强)한데 칠살(七殺)은 많고 식신(食神)이 적으면 제살(制殺)하는 식상운(食傷運)을 기뻐하고, 관성(官星)의 혼잡(混雜)은 꺼리며, 인수(印綬)의 탈식(奪食)을 두려워하고, 생살(生殺)하는 재(財)를 꺼린다.

만약 칠살(七殺)은 적고 식신(食神)이 많으면 관인운(官印運)과 재운(財運)을 꺼리지 않을 뿐만이 아니고 또한 기뻐하는 바이다.

가령 본편(本篇)에서 열거한 하나의 귀한 명조이다.

丁 乙 乙 乙
丑 卯 酉 亥
戊己庚辛壬癸甲
寅卯辰巳午未申

신강살왕(身强殺旺)하니 용식신(用食神)하여 제살(制殺)하는 격국인데,

운이 남방(南方)으로 행하여 식신(食神)이 득지(得地)하고 金水가 통근하지 않았으니 좋았다.

다만 壬運에는 丁火를 합하여 식신(食神)을 합거(合去)하고, 巳運에는 酉丑과 회국(會局)을 이루어서 칠살(七殺)이 강하니 반드시 부족함이 있었을 것이고, 庚辰運은 乙酉를 합하여 칠살(七殺)을 도우니 모두 좋은 운이 아니다.

이 명조는 식신생재격(食神生財格), 재자약살격(財滋弱殺格)에 丑中己土가 용신이니,

화토금운(火土金運)이 좋고 수목운(水木運)은 좋지 않다.

殺用印綬, 不利財鄉, 傷官爲美, 印綬身旺, 俱爲福地.

칠살격(七殺格)이 용인(用印)하면 재운(財運)이 불리하고, 상관운(傷官運)은 아름다우며,[1] 인수운(印綬運)과 신왕운(身旺運)은 모두 좋은 곳이다.
1)인수(印綬)가 용신이라면 상관운(傷官運)이 어찌 좋을 것인가?

서락오평주(徐樂吾評註)

칠살격(七殺格)이 용인(用印)하는 경우에는 그 관건이 인수(印綬)에 있으니, 파인(破印)하여 용신을 상하는 재운(財運)을 가장 꺼린다.

'상관운(傷官運)이 아름답다'는 구절은 아마 잘못이 있다.
이미 용인(用印)하였으면 재차 설(洩)하는 것은 마땅하지 않은데, 다만 인수(印綬)의 회극(回剋)이 있으니 상관(傷官)을 꺼리지는 않는다.

'인수운(印綬運)과 신왕운(身旺運)은 모두 좋은 곳이다'는 것은 인수운(印綬運)이 가장 좋고 비겁운(比刼運)도 또한 아름답다는 것이다.

가령 본편(本篇)의 탈탈(脫脫) 승상(丞相)의 명조이다.

戊 丙 甲 壬
戌 戌 辰 辰
辛庚己戊丁丙乙
亥戌酉申未午巳

잡기격(雜氣格)에 칠살(七殺)이 투출하였는데, 사주에 土가 많으니 제살태과(制殺太過)이다.
 기쁘게도 辰月의 甲木이 식신(食神)을 제어하여 칠살(七殺)을 호위하고, 겸하여 칠살(七殺)을 인화하는데, 식신(食神)이 많으나 인수(印綬)가 투출한 경우이다.
 관살운(官殺運)은 甲木의 인화가 있으니 도리어 좋은 운이고, 가장 꺼리는 것은 왕재(旺財)가 파인(破印)하는 것이다.
 乙巳 丙午 丁未는 인수운(印綬運)이고 신왕운(身旺運)이니 모두 길하고, 丁壬이 합살(合殺)하는 것도 또한 무해(無害)하나, 戊申이후에는 좋은 운이 없다.
 이 명조는 진상관용인격(眞傷官用印格)에 甲木이 용신이니, 수목화운(水木火運)이 길하고 토금운(土金運)은 좋지 않다.

```
辛 壬 戊 丙
丑 戌 戌 寅
乙甲癸壬辛庚己
巳辰卯寅丑子亥
```

본편(本篇)의 하(何) 참정(參政)의 명조인데,

신약(身弱)하고 칠살(七殺)이 많으니 화살(化殺)하는 시상(時上)의 신금인수(辛金印綬)가 용신이다.

오묘하게도 병화재성(丙火財星)이 칠살(七殺)을 생하고 인수(印綬)를 파인(破印)하지 않는데, 서로 장애가 되지 않고 살인(殺印)이 유정(有情)하다.

경자 신축이 가장 좋고, 壬寅 癸卯 甲辰도 또한 길한데 인수(印綬)를 상하지 않으니 모두 방애(妨礙)가 없다.

이 명조는 살중용인격(殺重用印格)에 辛金이 용신이니, 토금수운(土金水運)이 길하고 목화운(木火運)은 불리하다.

殺用傷官, 行運與食同.

칠살격(七殺格)이 용상관(用傷官)하면 행운은 '칠살격(七殺格)이 용식신(用食神)하는 경우'와 똑같다.

七殺用財, 其以財而去印存食者, 不利刧財, 食傷皆吉, 喜財怕印, 透殺亦順.

칠살격(七殺格)이 용재(用財)하는 것은 재(財)가 인수(印綬)를 제거하여 식신(食神)을 보존하는 경우이다.

겁재운(刧財運)은 불리하고, 식상운(食傷運)은 모두 길하며, 재운(財運)은 파인(破印)하니 좋고, 칠살운(七殺運)도 또한 순조롭다.

서락오평주(徐樂吾評註)

칠살격(七殺格)이 용재(用財)하는 것은 용재(用財)하는 방식이 같지 않다.

①가령 신강(身强)에 식신(食神)은 많은데 칠살(七殺)이 적으면 용재(用財)하여 시상(食傷)을 덜어내고 칠살(七殺)을 도와야 하니, 또한 용재(用財)할 수 있다.
적천수(滴天髓)의 소위 '재자약살(財滋弱殺)'이 이것이다.

②신강(身强)이 용식신(用食神)하여 제살(制殺)하는데, 인수(印綬)가 투출하여 탈식(奪食)하는 경우가 있다.
용재(用財)하여 인수(印綬)를 제거하여야 하는데, 이것은 병약(病藥)으로 취용(取用)하는 것이다.
본편(本篇)의 평주(評註)를 자세하게 살펴보라.

가령 주(周) 승상(丞相)의 명조는 이 두 가지 용법(用法)을 겸하였다.

庚　丁　甲　戊
戌　未　子　戌
辛庚己戊丁丙乙
未午巳辰卯寅丑

水가 하나인데 土가 네 개이니 제살태과(制殺太過)이다.

본디는 甲木을 취용하여 土를 극제할 수 있는데, 그러나 동목(冬木)의 힘이 박하여 소토(疏土)하기 부족하다.

또한 재(財)와 인수(印綬)가 함께 나타났는데, 비겁(比刦)의 호위가 없으니 또한 용인(用印)할 수 없다.

丁火가 戌未에 통근하였는데, 土의 호위를 얻어서 신강(身强)하니 도리어 인수(印綬)가 병(病)이다.

용경금(用庚金)하여 병(病)을 제거하고, 상관(傷官)을 덜어내며 칠살(七殺)을 생한다.

운이 戊辰 己巳로 행할 때는 식상지지(食傷之地)인데, 재(財)가 있어서 그 기(氣)를 덜어내니 식신(食神)이 많은 것을 두려워하지 않는다.

원국(原局)에 칠살(七殺)이 적어서 용신이 재(財)에 있으니, 관살운(官殺運)도 또한 순조롭고, 오직 꺼리는 것은 겁재운(刦財運)이다.

이 명조는 가종살용재격(假從殺用財格)이니 토금수운(土金水運)이 길하고 목화운(木火運)은 불리하다.

其以財而助殺不及者, 財已足則喜食印與幫身, 財未足則喜財旺而露殺.

재(財)로 부족한 칠살(七殺)을 돕는 경우에는,
재(財)가 이미 풍족하면 식신운(食神運)과 인수운(印綬運)과 방신운(幫身運)을 기뻐하고,[1]
재(財)가 부족하면 재운(財運)과 칠살운(七殺運)을 기뻐한다.

1)재(財)가 이미 풍족하여 인수운(印綬運)과 방신운(幫身運)을 기뻐하면 재자약살(財滋弱殺)이 이미 아니다.

서락오평주(徐樂吾評註)

'재(財)로 부족한 칠살(殺)을 돕는다'는 것은 즉 재자약살(財滋弱殺)이다.

'재(財)가 이미 풍족하면 식신운(食神運)과 인수운(印綬運)과 방신운(幫身運)을 기뻐한다'는 것은 즉 용인(用印)하여 화살(化殺)한다는 것인데,
위의 하(何) 참정(參政)의 명조를 살펴보라. (丙寅, 戊戌, 壬戌, 辛丑)

'재(財)가 부족하면 재운(財運)과 칠살운(七殺運)을 기뻐한다'는 것은 가령 위의 주(周) 승상(丞相)의 명조가 즉 그 하나의 예이다.
(戊戌, 甲子, 丁未, 庚戌)

또한 인수(印綬)는 많고 칠살(七殺)이 적어서 용재(用財)하는 경우가 있는데,
가령 본편(本篇)의 유(劉) 운사(運使)의 명조이다.

庚 丙 乙 甲
寅 戌 亥 申
壬辛庚己戊丁丙
午巳辰卯寅丑子

寅戌이 午를 공협(拱夾)하고 丙火가 투출하였으니 즉 이것은 화국(火局)인데,
寅亥가 또한 합목(合木)하여 칠살(七殺)이 인수(印綬)로 변하였고, 甲乙이 병투(並透)하였으니 인왕신강(印旺身强)이다.
파인(破印)하는 재(財)가 용신(격국)이고, 칠살(七殺)로 논하는 것이 아니다.
戊己運은 식상(食傷)이 생재(生財)하니 자연히 좋은 운이고, 寅卯는 인수(印綬)가 태왕(太旺)하니 불리하다.
가장 아름다운 것은 庚辰 辛 15년이다.
巳運에는 형충(刑沖)과 합(合)이 함께 나타났으니 변고가 많았을 것이고, 壬運은 칠살운(七殺運)이니 꺼리지 않는데, 겁재운(刦財運)은 가장 꺼린다.
이 명조는 재자약살격(財滋弱殺格)에 申中庚金이 용신이니, 토금수운(土金水運)이 길하고 목화운(木火運)은 불리하다.

殺帶正官, 不論去官留殺, 去殺留官, 身輕則喜助身, 食輕則喜助食, 莫去取淸之物, 無傷制殺之神.

칠살격(七殺格)이 정관(正官)을 대동하였으면 거관유살(去官留殺)과 거살유관(去殺留官)을 논하지 않고 신약(身弱)하면 방신운(幇身運)을 기뻐하고, 식신(食神)이 약하면 식신(食神)을 돕는 운을 기뻐한다.

취청지물(取淸之物)을 제거하여서는 아니 되고, 제살지신(制殺之神)을 상하여서는 아니 된다.

서락오평주(徐樂吾評註)
관살(官殺)이 혼잡(混雜)한 경우에는 취청(取淸)하여야 귀하게 된다.

'취청지물(取淸之物)을 제거하여서는 아니 되고, 제살지신(制殺之神)을 상하여서는 아니 된다'는 두 구절은 실은 취운(取運)의 요점을 이야기한 것인데,
가령 본편(本篇)의 악(岳) 통제(統制)의 명조이다.

庚 庚 丁 癸
辰 寅 巳 卯
庚辛壬癸甲乙丙
戌亥子丑寅卯辰

巳중의 丙火가 칠살(七殺)이고 丁火가 정관(正官)이나, 丁火는 巳가 뿌리이니 관살혼잡(官殺混雜)이 아니다. (득시불왕(得時不旺)과 실시불약(失時不弱)이라는 구절을 상세히 살펴보라)

다만 丁火가 巳에서 투출하여 정관(正官)을 칠살(七殺)로 논하여야 하니, 제살(制殺)하는 癸水가 용신이다.

가장 꺼리는 것은 戊己土가 나타나는 것인데, 소위 '제살지신(制殺之神)을 상하여서는 아니 된다'는 것이다.

乙卯 甲寅運은 비록 매우 길하지는 않다고 할지라도 방애(妨礙)가 없는데, 용신을 상하지 않기 때문이다.

癸丑 壬子 辛亥에는 용신이 득지(得地)하니 순리(順利)하였을 것이다.

이 명조는 아능구모격(兒能救母格)에 癸水가 용신이다.

辛 辛 甲 丙
卯 亥 午 子
辛庚己戊丁丙乙
丑子亥戌酉申未

본편(本篇)의 심(沈) 낭중(郞中)의 명조이다.
 '子午가 충(沖)하여 거살유관(去殺留官)하였다'는 것은 적절한 평론은 아닌 것 같은데, 午도 또한 丙火의 뿌리이니 관살혼잡(官殺混雜)이 아니기 때문이다.
 정관(正官)을 칠살(七殺)로 논하여야 하는 것은 위의 명조와 같은데,
 다만 辛金이 통근하지 않아서 신약(身弱)하고 인수(印綬)가 약하니 방신운(幇身運)으로 행하지 않으면 아니 된다.
 제살(制殺)이 비록 아름답다고 할지라도 아직은 전미(全美)하지 않은데,
 다행히 행하는 운이 申酉는 비겁지지(比刦之地)이고 戊戌 己는 인수지지(印綬之地)이니 족히 방신(幇身)하고 화살(化殺)하여 그 부족을 보충하였다.
 이 두 명조를 살펴보건대, 모두 관살혼잡(官殺混雜)으로 논할 수 없다.
 이 명조는 종살용재격(從殺用財格)이니, 수목화운(水木火運)이 길하고 토금운(土金運)은 불리하다.

殺無食制而用刃當殺, 殺輕刃重, 則喜助殺, 刃輕殺重, 則宜制伏, 無食可奪, 印運何傷, 七殺旣純, 雜官不利.

칠살격(七殺格)에 식신(食神)의 극제가 없고 용양인(用陽刃)하여 적살(敵殺)하는 경우이다.

칠살(七殺)은 적고 양인(陽刃)이 많으면 칠살(七殺)을 돕는 운을 기뻐하고,
양인(陽刃)은 적고 칠살(七殺)이 많으면 마땅히 칠살(七殺)을 제복(制伏)하여야 한다.

탈식(奪食)할 만한 식신(食神)이 없는데, 인수운(印綬運)이 어찌 식신(食神)을 상할 것인가?

칠살(七殺)이 이미 청순(淸純)하니 정관(正官)이 섞이는 것은 불리하다.

서락오평주(徐樂吾評註)

칠살(七殺)에 식신(食神)의 극제가 없으면 전적으로 신강(身强)에 의지하여야 비로소 적살(敵殺)할 수 있는데, 신강(身强)하면 반드시 용양인(用陽刃)한다.

양인(陽刃)은 적고 칠살(七殺)이 많으면 제살운(制殺運)이 마땅하고, 원국(原局)에 식신(食神)이 없으니 인수운(印綬運)도 또한 아름답다.

칠살(七殺)은 적고 양인(陽刃)이 많으면 정관운(正官運)에 상함이

없고, 칠살(七殺)은 많고 양인(陽刃)이 적으면 정관운(正官運)에 해가 있다.

가령 본편(本篇)의 조(趙) 원외(員外)의 명조이다.

戊 戊 甲 戊
午 寅 寅 辰
辛庚己戊丁丙乙
酉申未午巳辰卯

신강살왕(身强殺旺)한데, 행하는 운이 모두 방신(幇身)하는 인겁운(印劫運)이니 고로 좋았다.
칠살(七殺)이 비록 청순(淸純)하다고 할지라도 일원이 더욱 왕하다. 고로 정관운(正官運)인 乙卯에는 오히려 장애가 없고, 제살(制殺)하는 庚申에는 불길하다.
이 명조는 살중용인격(殺重用印格)에 午中丁火가 용신이니, 목화토운(木火土運)이 길하고 금수운(金水運)은 불리하다.

제41장
상관격(傷官格)을 논함

傷官雖非吉神, 實爲秀氣, 故文人學士, 多於傷官格內得之, 而夏木見水, 冬金見火, 則又爲秀之尤秀者也, 其中格局比他格多, 變化尤多, 在査其氣候, 量其强弱, 審其喜忌, 觀其純雜, 微之尤微, 不可執也.

상관(傷官)은 비록 길신(吉神)이 아니라고 할지라도 실은 수기(秀氣)이니,
고로 문인(文人)과 학사(學士)는 흔히 상관격(傷官格)에서 나온다.

하목(夏木,목화상관)이 水를 만나거나, 동금(冬金,금수상관)이 火를 만나면 수기(秀氣)가 더욱 빼어난 것이다.

그 중의 격국이 타격(他格)에 비하여 많고, 변화는 더욱 많다.
그 기후(氣候)를 조사하고, 그 강약(强弱)을 헤아리며, 그 희기(喜忌)를 심사하고, 그 순잡(純雜)을 살펴보아야 하는데,
미묘하고 또한 미묘하니 하나를 고집하여서는 아니 된다.

서락오평주(徐樂吾評註)
상관(傷官)과 식신(食神)은 그 수기(秀氣)를 덜어내는 것이니,
신왕(身旺)한 경우에 용관살(用官殺)하여 극제하는 것은 용식상(用食傷)하여 설수(洩秀)하는 것만 못하다.

식상(食傷)이 용신인 사람은 틀림없이 총명이 남다르니 문인(文人)과 학사(學士)는 흔히 식상격(食傷格)에 속하는데, 또한 자연지세(自然之勢)이다.

하목(夏木)이 火를 만나면 이름하여 '목화상관(木火傷官)'인데 여름에 생하였으니 水가 나타나 적시는 것을 기뻐하고,

동금(冬金)이 水를 만나면 이름하여 '금수상관(金水傷官)'인데 겨울에 생하였으니 火가 나타나 따뜻하게 하는 것을 기뻐하는데, 더욱 수기(秀氣)이다.

그 기후(氣候)를 조사하고, 그 강약(强弱)을 헤아리며, 그 희기(喜忌)를 심사하고, 그 순잡(純雜)을 살펴보는 것은 간명(看命)의 요법(要法)인데,

단지 상관(傷官)만이 그러한 것은 아니다.

故有傷官用財者, 蓋傷不利於官, 所以爲凶, 傷官生財, 則以傷官爲生生官之具, 轉凶爲吉, 故最利, 只要身强而財有根, 便爲貴格, 如壬午己酉戊午庚申, 史春芳命也.

본디 상관용재(傷官用財)하는 경우가 있다.

상관(傷官)은 관성(官星)에 불리하니 이에 흉하나,
상관(傷官)이 생재(生財)하면 생관(生官)하는 도구를 생하여 흉(凶)이 길(吉)로 바뀌니, 고로 가장 이롭다.

신강(身强)하고 재(財)가 유근(有根)이기만 하면 곧 귀격(貴格)인데,
가령 壬午 · 己酉 · 戊午 · 庚申이라는 사(史) 춘방(春芳)*의 명조가 이것이다.

*춘방(春芳): 태자궁(太子宮), 태자궁에 속한 관부(官府), 태자궁에 소속된 관리.

庚 戊 己 壬
申 午 酉 午
丙乙甲癸壬辛庚
辰卯寅丑子亥戌
이 명조는 가상관격(假傷官格)에 庚金이 용신이다.

서락오평주(徐樂吾評註)
생관(生官)하는 도구라는 것은 재(財)이다.

총괄하건대,
용관(用官)하는 것은 상관(傷官)이 나타나는 것은 마땅하지 않고,

용상관(用傷官)하는 것은 관성(官星)이 나타나는 것이 마땅하지 않으니, 상관(傷官)과 관성(官星)은 병용(竝用)할 수 없다.

상관견관(傷官見官)인데도 재(財)가 투출하여 해결하는 경우가 또한 있다.

가령 모(某) 시랑(侍郞)의 명조는 壬戌・己酉・戊戌・乙卯인데,
토금상관(土金傷官)이 시(時)에서 乙卯를 만났으니 상관견관(傷官見官)이나, 년(年)에 壬水가 투출하여 상관(傷官)이 생재(生財)하고 재(財)가 생관(生官)하니 관성(官星)에 상함이 없을 뿐만이 아니고, 상관(傷官)이 도리어 생관(生官)하는 도구가 되어서 흉(凶)이 길(吉)로 바뀌었다.

또한 모(某) 지부(知府)의 명조는 庚午・己卯・壬申・己酉인데,
수목상관(水木傷官)에 기토관성(己土官星)이 양투(兩透)하였으니 상관견관(傷官見官)이나, 기쁘게도 년지(年支)에서 午를 얻었다.
午는 丁火와 己土를 암장하고 있으니 재관(財官)이 동궁(同宮)에 있는데, 상관(傷官)이 생재(生財)하고 옮겨가 생관(生官)하니 흉(凶)이 길(吉)로 변하였다.

사(史) 춘방(春芳)의 명조는 상관생재(傷官生財)인데, 관성(官星)이 나타나는 것은 마땅하지 않다.
신강(身强)하면 설기(洩氣)를 기뻐하고 신약(身弱)하면 설기(洩氣)를 꺼리니, 고로 신강(身强)이 제 1의 요점이다.
재(財)가 유근(有根)인데, 다시 상관(傷官)이 생하여 더욱 청순(淸純)하니 귀할 수 있었다.

乙 戊 己 壬　　　己 壬 己 庚
卯 戌 酉 戌　　　酉 申 卯 午
丙乙甲癸壬辛庚　　丙乙甲癸壬辛庚
辰卯寅丑子亥戌　　戌酉申未午巳辰

왼쪽 명조는 시상관성격(時上官星格)에 乙木이 용신이고, 오른쪽 명조는 진상관용인격(眞傷官用印格)에 申中庚金이 용신이다.

至於化傷爲財, 大爲秀氣, 如羅壯元命, 甲子乙亥辛未戊子, 干頭之甲, 通根於亥, 然又會未成局, 化水爲木, 化之生財, 尤爲有情, 所以傷官生財, 冬金不貴, 以凍水不能生木, 若乃連水化木, 不待於生, 安得不爲殿元乎.

상관격(傷官格)이 재격(財格)으로 변하면 수기(秀氣)가 크다.

가령 나(羅) 장원(壯元)의 명조는 甲子·乙亥·辛未·戊子인데,
간두의 甲木이 亥에 통근하였고, 또한 未와 회국(會局)을 이루어서 水가 木으로 변하였는데, 생재(生財)하여 더욱 유정(有情)하니 이에 상관생재(傷官生財)이다.
동금(冬金)이 귀하지 않는 것은 얼어붙은 水가 木을 생할 수 없기 때문인데, 만약 水가 木으로 변하면 생(生)을 기다리지 않는다.
어찌 진시(殿試)에서 장원(狀元)이 되지 않을 것인가?

戊 辛 乙 甲
子 未 亥 子
壬辛庚己戊丁丙
午巳辰卯寅丑子

이 명조는 未土가 목국(木局)을 이루었고, 甲乙木이 투출하였으니 종(從)하지 않을 수 없다.
이에 아우생아종재격(兒又生兒從財格)이다.

서락오평주(徐樂吾評註)

삼합(三合)은 생왕묘(生旺墓)가 회국(會局)한 것인데,

사정(四正)인 子午卯酉가 중심이니 사정(四正)이 없는 것은 회국(會局)이 성국(成局)하지 않는다.

다만 寅戌이 회합(會合)하고 丁火가 투출하거나, 申辰이 회합(會合)하고 癸水가 투출하거나, 巳丑이 회합(會合)하고 辛金이 투출하거나, 亥未가 회합(會合)하고 乙木이 투출하면 또한 성국(成局)할 수 있는데, 丁火는 즉 午이고 癸水는 즉 子이며 辛金은 즉 酉이고 乙木은 즉 卯이기 때문이다.

이 설(說)은 낙녹자(珞珠子)의 삼명소식부(三命消息賦)에 있어서 석담영(釋曇瑩)의 주(註)에 나타나 있다.

나(羅) 장원(狀元)의 명조는 亥未가 회국(會局)하고 乙木이 투출하여, 상관(傷官)이 재(財)로 변하였으니 격국이 청(淸)하게 변하였는데, 木에는 여전히 子水의 생(生)이 있다.

식상(食傷)은 재(財)의 근원이니 용재(用財)하는 것은 본디 식상(食傷)의 생을 기뻐하고, 용식상(用食傷)하는 것도 또한 재(財)를 기뻐하는데 그 기세(氣勢)가 유통(流通)하기 때문이다.

동금(冬金)이 귀하지 않는 것은 금한수랭(金寒水冷)하니 적막하고 생의(生意)가 없기 때문인데,

기쁘게도 未중에 丁火가 있고 亥와 화목(化木)하였으니 비록 추운 겨울이라고 할지라도 생동하는 정취가 왕성하다.

어찌 귀하지 않을 것인가?

至於財傷有情, 與化傷爲財者, 其秀氣不相上下, 如秦龍圖命, 己卯丁丑丙寅庚寅, 己與庚同根月令是也.

재(財)와 상관(傷官)이 유정(有情)하면 상관격(傷官格)이 재격(財格)으로 변한 것과 그 수기(秀氣)에 있어서 위아래가 없다.

가령 진(秦) 용도(龍圖)*의 명조인데,
己卯 · 丁丑 · 丙寅 · 庚寅으로 己土와 庚金이 월령(月令)에 함께 통근한 것이 이것이다.
*용도(龍圖): 임금의 도장, 옥새, 옥새를 관리하는 벼슬아치.

庚 丙 丁 己
寅 寅 丑 卯
庚辛壬癸甲乙丙
午未申酉戌亥子

이 명조는 상관생재격(傷官生財格)에 丑中辛金이 용신이다.

서락오평주(徐樂吾評註)
격국(格局)의 고하(高下)는 전적으로 청탁(淸濁)에 있는데,
또한 청(淸)한 가운데 탁(濁)으로 변한 것이 있고 탁(濁)한 가운데 청(淸)으로 변한 것이 있다.
가령 격국(格局)으로 논하면 어느 격에 귀(貴)함이 없을 것인가? 어느 격에 천(賤)함이 없을 것인가?
요컨대, 하나의 예로 논할 수 있는 것이 아니다.

진(秦) 용도(龍圖)의 명조는 己土와 庚金이 월령(月令)에서 함께 투출하였다는 것이 청(淸)으로 변한 곳인데, 또한 수기(秀氣)인 곳이다.

有傷官佩印者, 印能制傷, 所以爲貴, 反要傷官旺, 身稍弱, 始爲秀氣, 如孛羅平章命, 壬申丙午甲午壬申, 傷官旺, 印根深, 身又弱, 又是夏木逢潤, 其秀百倍, 所以爲一品之貴, 然印旺根深, 不必多見, 偏正疊出, 反爲不秀, 故傷輕身重而印綬多見, 貧窮之格也.

상관격(傷官格)이 패인(佩印)한 경우가 있다.

인수(印綬)는 상관(傷官)을 극제할 수 있으니 이에 귀한데, 도리어 상관(傷官)이 왕하고 조금은 신약(身弱)하여야 비로소 수기(秀氣)이다.

가령 패라(孛羅) 평장(平章)*의 명조는 壬申·丙午·甲午·壬申인데,
상관(傷官)이 왕하니 인수(印綬)의 뿌리가 깊더라도 신약(身弱)하다.
하목(夏木)이 촉촉함을 만나서 그 수기(秀氣)가 백배(百倍)이니, 이에 일품지귀(一品之貴)가 되었다.
*평장(平章): 평장사(平章事), 상서성(尙書省)·중서성(中書省)·문하성(門下省)의 장관을 재상(宰相)이라고 하였는데, 상설하지 않고 기타 관원으로 하여금 그 직무를 대행하게 하였음. 정 2품.

인수(印綬)가 왕하고 뿌리가 깊으면 인수(印綬)가 많이 나타날 필요가 없는데, 편정(偏正)이 첩출(疊出)하였으면 도리어 수기(秀氣)가 아니다.
고로 상관(傷官)이 약하고 신강(身强)한데 인수(印綬)가 많이 나타났으면 빈궁(貧窮)한 격국이다.

```
壬 甲 丙 壬
申 午 午 申
癸壬辛庚己戊丁
丑子亥戌酉申未
```
이 명조는 진상관용인격(眞傷官用印格)에 壬水가 용신이다.

서락오평주(徐樂吾評註)

　무릇 패인(佩印)을 필요로 하는 것은 반드시 신약(身弱)하여야 한다.
　상관(傷官)이 왕하고 신약(身弱)하여 설기(洩氣)가 태과(太過)한데, 용인(用印)하면 상관(傷官)을 극제하고 일주(日主)를 돕는 두 가지의 작용을 얻는다.
　가령 패라(孛羅) 평장(平章)의 명조는 木이 쇠약하고 火가 왕상한데, 壬水가 火를 극제하고 木을 생하니 그 힘을 두 배로 얻었다.

　목화상관(木火傷官)이 여름에 생하였으면 설령 신왕(身旺)하다고 할지라도 또한 반드시 약간의 水가 나타나서 적셔주어야 하는데, 이것은 기후(氣候)를 조화(調和)하는 예외이다.

　목화상관(木火傷官)만이 조후(調候)를 필요로 하는 것은 아니고, 화토상관(火土傷官)도 또한 마찬가지이다.
　가령 모(某) 현령(縣令)의 명조는 癸酉·己未·丙午·癸巳인데, 화염토조(火炎土燥)하니 반드시 水가 촉촉이 적셔야 한다.
　이것은 상관격(傷官格)이 용관(用官)하여 비겁(比劫)을 극제하고 재(財)를 호위한 경우인데, 역시 조후(調候)한다는 뜻이다.
　편정(偏正)이 첩출(疊出)하였으면 청(淸)하지 않으니 약간은 꺼리는데, 필요에 의하여 취용하면 또한 방애(妨礙)가 없다.
　다만 과다(過多)하면 병(病)일 뿐이다.

　신강(身强)하면 인수(印綬)의 생조를 필요로 하지 않고, 상관(傷官)이 적으면 인수(印綬)의 극제를 꺼리는데,
　만약 사주에 인수(印綬)만 있고 재(財)가 없으면 유병무약(有病無藥)이니 마땅히 빈궁한 격국이다.

```
癸 丙 己 癸
巳 午 未 酉
壬癸甲乙丙丁戊
子丑寅卯辰巳午
```
이 명조는 년상관성격(年上官星格)에 癸水가 용신이다.

有傷官兼用財印者, 財印相剋, 本不並用, 只要干頭兩淸而不相礙, 又必生財者財太旺而帶印, 佩印者印太重而帶財, 調停中和, 遂爲貴格, 如丁酉己酉戊子壬子, 財太重而帶印, 而丁與壬隔以戊己, 兩不相礙, 且金水多而覺寒, 得火融和, 都統制命也, 又如壬戌己酉戊午丁巳, 印太重而帶財, 亦隔戊己, 而丁與壬不相礙, 一丞相命也, 反是則財印不並用而不秀矣.

상관격(傷官格)이 재인(財印)을 겸용(兼用)하는 경우가 있다.

재(財)와 인수(印綬)는 서로 극하니 본디는 겸용(兼用)하지 않으나, 간두에서 재(財)와 인수(印綬)가 청(淸)하고 서로 장애가 되지 않기만 하면 겸용(兼用)할 수 있다.

상관생재(傷官生財)에서 재(財)가 지나치게 왕한데 인수(印綬)가 있거나,
상관패인(傷官佩印)에서 인수(印綬)가 지나치게 많은데 재(財)가 있으면 조정하여 중화를 이루니 귀격(貴格)이 된다.

가령 丁酉·己酉·戊子·壬子는 재(財)가 지나치게 많으나 인수(印綬)가 있는 경우인데, 丁火와 壬水를 戊己가 가로막아서 서로 장애가 되지 않는다.
또한 金水가 많아서 차가운데 火의 융화(融和)를 얻었으니 도통제(都統制)*의 명조이다.

*도통제(都統制): 출정군의 사령관.

또한 가령 壬戌·己酉·戊午·丁巳는 인수(印綬)가 지나치게

많으나 재(財)가 있는 경우인데, 역시 戊己가 가로막아서 丁火와 壬水가 서로 장애가 되지 않는다.
한 승상(丞相)의 명조이다.

이와 반대이면 재(財)와 인수(印綬)는 겸용(兼用)하지 않고, 수기(秀氣)가 빼어나지도 않는다.

```
壬 戊 己 丁        丁 戊 己 壬
子 子 酉 酉        巳 午 酉 戌
壬癸甲乙丙丁戊     丙乙甲癸壬辛庚
寅卯辰巳午未申     辰卯寅丑子亥戌
```

왼쪽 명조는 아우생아종재격(兒又生兒從財格)이고, 오른쪽 명조는 가상관격(假傷官格)에 酉中辛金이 용신이다.

서락오평주(徐樂吾評註)

'상관격(傷官格)이 재인(財印)을 겸용(兼用)한다'는 것은 실은 겸용(兼用)하는 것이 아니다.
이것은 재격(財格)이 용인(用印)하는 것이나 인수격(印綬格)이 용재(用財)하는 것과 서로 같다.

丁酉명조는 비록 토금상관격(土金傷官格)이라고 할지라도 실은 재다신약(財多身弱)인데, 용인(用印)하여 일주를 도우니 용신은 인수(印綬)에 있다.
고로 운이 인수지지(印綬之地)인 丙午 丁未로 행할 때에 대발(大發)하였다.

壬戌명조는 화왕토초(火旺土焦)하여 용재손인(用財損印)하여야 하니 용신은 재(財)에 있다.

고로 운이 재지(財地)인 辛亥 壬子 癸丑으로 행할 때에 대발(大發)하였다.

표면상으로는 비록 토금상관격(土金傷官格)이라고 할지라도, 실은 월령의 상관(傷官)은 재(財)의 뿌리에 불과할 뿐이다.

다만 재(財)와 인수(印綬)가 이미 간두에 병투(並透)하였으면 서로 장애가 되지 않는 것이 가장 중요한 조건이다.

그렇지 않으면,

인수(印綬)가 왕하면 용재(用財)할 수 있으나, 재(財)가 왕(旺)하면 용비겁(用比刼)할 수만 있고 용인(用印)할 수는 없다.

재(財)와 인수(印綬)가 서로 다투면 격국이 청(淸)하지 않으니, 설령 좋은 운으로 행한다고 할지라도 역시 좋은 상황이 없다.

지위(地位)의 차서(次序)는 이에 주의하지 않을 수 없다.

有傷官用殺印者, 傷多身弱, 賴殺生印以幇身而制傷,
如己未丙子庚子丙子, 蔡貴妃命也, 殺因傷而有制, 兩得
其宜, 只要無財, 便爲貴格, 如壬寅丁未丙寅壬辰, 夏閣
老命是也.

상관격(傷官格)이 용살인(用殺印)하는 경우가 있다.

상관(傷官)이 많아서 신약(身弱)하면 칠살(七殺)이 생하는 인
수(印綬)에 의지하여 방신(幇身)하고 상관(傷官)을 극제하는데,
가령 己未·丙子·庚子·丙子라는 채(蔡) 귀비(貴妃)의 명조가
이것이다.

칠살(七殺)에 상관(傷官)의 극제가 있어서 서로 마땅함을 얻었
는데, 재(財)가 없기만 하면 곧 귀격(貴格)이다.
가령 壬寅·丁未·丙寅·壬辰이라는 하(夏) 각로(閣老)*의 명
조가 이것이다.

*각로(閣老): 임금의 고칙(誥敕)을 담당하던 한림학사.

```
丙 庚 丙 己      壬 丙 丁 壬
子 子 子 未      辰 寅 未 寅
癸壬辛庚己戊丁    甲癸壬辛庚己戊
未午巳辰卯寅丑    寅丑子亥戌酉申
```

왼쪽 명조는 진상관용인격(眞傷官用印格)에 己土가 용신이고, 오
른쪽 명조는 시상일위귀격(時上一位貴格)에 시상(時上)의 壬水가 용
신이다.

서락오평주(徐樂吾評註)

'상관격(傷官格)이 용살인(用殺印)한다'는 것은 용신이 인수(印綬)에 있다는 것이니,

고로 '재(財)가 없기만 하면 곧 귀격(貴格)이다'라고 말하였다.

가령 채(蔡) 귀비(貴妃)의 명조는 庚金이 무근(無根)이고 세 개의 子水가 설기(洩氣)하니 상관(傷官)을 극제하고 일주(日主)를 돕는 것은 전적으로 인수(印綬)에 있는데, 인수(印綬)가 칠살(七殺)의 생에 의지한다.

겨울의 금수상관(金水傷官)인데, 겸하여 丙火가 난국(暖局)하고 조후(調候)하였으니 귀하게 되었다.

하(夏) 각로(閣老)의 명조는 丙火가 약하지 않고 화토상관(火土傷官)이 여름에 생하였으니 水의 윤택(潤澤)에 의지한다.

고로 운이 북방수지(北方水地)로 행할 때에 더욱 귀하였다.

용신은 비록 인수(印綬)에 있다고 할지라도 그 아름다운 곳은 조후(調候)에 있는데,

만약 인수(印綬)는 있으나 칠살(七殺)이 없었으면 빈천한 격국이었을 것이다.

有傷官用官者, 他格不用, 金水獨宜, 然要財印爲輔, 不可傷官並透, 如戊申甲子庚午丁丑, 藏癸露丁, 戊甲爲輔, 官又得祿, 所以爲丞相之格, 若孤官無輔, 或官傷並透, 則發福不大矣.

상관격(傷官格)이 용관(用官)하는 경우가 있다.

다른 상관격(傷官格)은 용관(用官)하지 않으나, 금수상관(金水傷官)은 홀로 용관(用官)이 마땅하다.
그러나 응당 재인(財印)이 보좌하여야 하고, 상관(傷官)이 병투(並透)하여서는 아니 된다.
가령 戊申·甲子·庚午·丁丑은 癸水가 암장하고 丁火가 투출하였는데,
戊土와 甲木이 보좌하고 관성(官星)이 또한 득록(得祿)하였으니 이에 승상(丞相)이 되었다.

만약 고관무보(孤官無輔)이거나, 혹은 관성(官星)과 상관(傷官)이 병투(並透)하였으면 발복이 크지 않다.

丁 庚 甲 戊
丑 午 子 申
辛庚己戊丁丙乙
未午巳辰卯寅丑
이 명조는 진상관용인격(眞傷官用印格)에 丑中己土가 용신이다.

서락오평주(徐樂吾評註)

　상관격(傷官格)이 용관(用官)하는 경우는 금수상관(金水傷官)에만 있는 것은 아닌데,
　동금(冬金)과 하목(夏木)이 용관(用官)하면 가장 귀하다.

　관성(官星)이 용신인 경우에는 신왕(身旺)하면 재(財)로 보좌하고 신약(身弱)하면 인수(印綬)로 보좌하는데,
　그러나 또한 반드시 지위(地位)의 배치(配置)가 마땅하여야 한다.

　가령 이 명조는 庚金일원이 申에 득록(得祿)하고 인수(印綬)의 생을 얻었으며, 정화관성(丁火官星)은 午에 득록(得祿)하고 재(財)의 생을 얻었는데,
　申子가 회합(會合)하여 충(沖)을 해소하고, 子丑이 합하여 인수(印綬)로 변하였으니 토금수목화(土金水木火)가 순환상생(循環相生)한다.
　비록 신왕(身旺)하니 생관(生官)하는 재(財)가 용신이라고 할지라도, 인수운(印綬運)으로 행할 때에도 또한 생화(生化)를 얻는데, 흔히 얻을 수 있는 것은 아니다.
　결국은 신왕(身旺)하니 운이 동남(東南)의 목화왕지(木火旺地)로 행할 때에 귀하였다.

若冬金用官, 而又化傷爲財, 則尤爲極秀極貴, 如丙申
己亥辛未己亥, 鄭丞相命是也.

만약 겨울의 금수상관(金水傷官)이 용관(用官)하는데,
다시 상관(傷官)이 재(財)로 변하였으면 극히 빼어나고 극히
귀하게 된다.

가령 丙申·己亥·辛未·己亥라는 정(鄭) 승상(丞相)의 명조가
이것이다.

己 辛 己 丙
亥 未 亥 申
丙乙甲癸壬辛庚
午巳辰卯寅丑子
이 명조는 재자약살격(財滋弱殺格)에 亥中甲木이 용신이다.

시락오평주(徐樂吾評註)
　　상관(傷官)이 재(財)로 변하였으면 마땅히 재격(財格)으로 논하여
야 하는데,
　　이 명조는 亥未가 공합(拱合)하였으나 卯가 없으니 재(財)로 변할
수 없고, 월령의 壬水가 병령(秉令)하였으니 여전히 금수상관(金水
傷官)으로 논한다.
　　辛金이 未를 깔고 앉았고 또한 두 개의 己土가 투출하였는데,
　　병화관성(丙火官星)이 인수(印綬)에 설기(洩氣)되었으니 亥未에
있는 암장된 재(財)를 취용하여 손인(損印)하고 생관(生官)한다.
　　운이 寅卯 甲乙에 이르러서는 재성(財星)이 청투(淸透)하고, 계속
하여 남방(南方)으로 행할 때는 관성(官星)이 득지(得地)하니, 마땅
히 극히 빼어나고 극히 귀하게 된 명조이다.

然亦有非金水而見官, 何也?

化傷爲財, 傷非其傷, 作財旺生官而不作傷官見官, 如甲子壬申己亥辛未, 章丞相命也.

그러나 또한 금수상관(金水傷官)이 아닌데도 관성(官星)이 나타난 경우가 있는데, 어떤 것인가?

상관(傷官)이 재(財)로 변하여 상관(傷官)이 상관(傷官)이 아니면 재왕생관(財旺生官)으로 논하고, 상관견관(傷官見官)으로 보지 않는다.

가령 甲子・壬申・己亥・辛未라는 장(章) 승상(丞相)의 명조이다.

辛 己 壬 甲
未 亥 申 子
己戊丁丙乙甲癸
卯寅丑子亥戌酉

이 명조는 未土가 목국(木局)을 이루었고, 재살(財殺)이 태왕(太旺)하니 종하지 않을 수 없다.
이에 가종살용재격(假從殺用財格)이다.

서락오평주(徐樂吾評註)
상관용관(傷官用官)은 단지 금수상관(金水傷官)만이 아니니, 위에서 논한 용재절(用財節)을 살펴보라.

상관(傷官)이 재(財)로 변하였으면 재격(財格)으로 논하는데, 이 명조는 子申이 회국(會局)하여 상관(傷官)이 재(財)로 변하였고 甲木을 생한다.
 또한 己土일원이 未에 통근하였는데, 신왕(身旺)하여 재관(財官)을 감당할 수 있으니 고로 귀하게 되었다.

至於傷官而官殺並透, 只要干頭取淸, 金水得之亦貴, 不然, 則空結構而已.

상관격(傷官格)에 관살(官殺)이 병투(並透)하였으면 간두가 취청(取淸)하거나 금수상관(金水傷官)이면 또한 귀하게 되는데,
그렇지 않으면 헛되이 무리를 지어서 간악한 짓을 할 뿐이다.

서락오평주(徐樂吾評註)
'금수상관(金水傷官)은 관성(官星)이 나타나는 것을 기뻐한다'는 것은 기후(氣候)의 조화(調和)를 취하는 것이고, 반드시 관성(官星)이 용신이라는 것은 아니다.
이미 용신이 아니면 관살(官殺)의 병투(並透)가 다시 어찌 장애가 될 것인가?
취청지법(取淸之法)은 혹 제(制)하거나 혹은 합(合)하여 격국이 잡스럽지 않게 하는 것일 뿐이다.

용관(用官)하는 것은 반드시 재인(財印)으로 보좌하여야 하는데, 위의 용관절(用官節)을 살펴보라.

제42장
상관격(傷官格)의 취운(取運)을 논함

傷官取運, 卽以傷官所成之局, 分而配之, 傷官用財, 財旺身輕, 則利印比, 身强財淺, 則喜財運, 傷官亦宜.

상관격(傷官格)의 취운(取運)은 즉 상관(傷官)으로 이루어진 격을 나누어서 배열한다.

상관용재(傷官用財)인데,
재(財)가 왕하고 신약(身弱)하면 인수운(印綬運)과 비겁운(比刦運)이 이롭고,
신강(身强)하고 재(財)가 약하면 재운(財運)을 기뻐하고 상관운(傷官運)도 또한 마땅하다.

서락오평주(徐樂吾評註)
팔격(八格)중에 상관격(傷官格)의 변화가 가장 많으니, 취운(取運)에도 또한 변화가 많다.

상관(傷官)과 식신(食神)은 같은 종류이니 상관생재(傷官生財)는 정격(正格)인데,
신약(身弱)과 신강(身强)으로 그 추향(趨向)이 달라진다.

가령 본편(本篇)의 사(史) 춘방(春芳)의 명조이다.

庚 戊 己 壬   庚 戊 壬 己
申 午 酉 午   申 子 申 未
丙乙甲癸壬辛庚   乙丙丁戊己庚辛
辰卯寅丑子亥戌   丑寅卯辰巳午未

庚申時가 戊日을 만났으니 또한 전록격(專祿格)이다.

일원이 인수(印綬)를 깔고 앉았고 己土가 투출하였으니 또한 양인격(陽刃格)으로 논할 수 있는데, 사(謝) 각로(閣老)의 명조(오른쪽 명조)와 비교하면 더욱 강하다.

임수재성(壬水財星)이 비록 申에서 장생(長生)한다고 할지라도 너무 멀리 떨어져 있는데, 식상운(食傷運)과 재운(財運)을 기뻐하니 辛亥 壬子 癸丑 30년에 꽃과 비단이 모여들었다.

진실로 만나기가 쉽지 않는데,

'신강(身强)하고 재(財)가 약하면 재운(財運)을 기뻐하고 상관운(傷官運)도 또한 마땅하다'는 학설에 정확히 부합한다.

이 명조는 가상관격(假傷官格)에 庚金이 용신이니, 토금수운(土金水運)이 길하고 목화운(木火運)은 불리하다.

戊 辛 乙 甲
子 未 亥 子
壬辛庚己戊丁丙
午巳辰卯寅丑子

이것은 본편(本篇)의 나(羅) 장원(狀元)의 명조이다.

금수상관(金水傷官)은 본디는 관성(官星)이 나타나는 것을 기뻐하나, 이것은 소양춘(小陽春)인 亥月에 생하였고 未中에 火가 암장하고 있으니 한랭(寒冷)을 근심하지 않는다.

亥未가 공합(拱合)하고 乙木이 투출하였으니 상관격(傷官格)이 재격(財格)을 변하였으나, 년시(年時)가 子水이니 여전히 식신생재격(食神生財格)인데, 일원이 지나치게 약하니 방신(幇身)하는 인수운(印綬運)과 비겁운(比刦運)을 기뻐한다.

庚辰 辛 15년이 가장 좋은 곳이고, 戊寅 己卯 20년에는 비록 인수(印綬)가 개두(蓋頭)하였다고 할지라도 결국은 꺼리게도 재왕신약(財旺身弱)이다.

그 밖에,

금수상관(金水傷官)은 본디 火의 난국(暖局)을 기뻐하는데, 이것은 원국(原局)에 비록 관성(官星)이 나타나지 않았다고 할지라도 행운이 동남(東南)의 양난지지(陽暖之地)로 행하였으니 화후지기(和煦之氣)*가 그 부족을 보조할 수 있었다.

운(運)을 이야기하는 사람은 반드시 원국(原局)을 참작하고 배합하면서 연구하여야 한다.

*화후지기(和煦之氣): 아늑하고 따뜻한 기(氣).

이 명조는 아우생아종재격(兒又生兒從財格)이니, 수목화운(水木火運)이 길하고 토금운(土金運)은 불리하다.

庚 丙 丁 己
寅 寅 丑 卯
庚辛壬癸甲乙丙
午未申酉戌亥子

　이것도 또한 상관생재격(傷官生財格)인데, 신왕(身旺)하고 재(財)가 약하니 위의 명조와는 서로 반대이다.
　丑은 金의 고장(庫藏)인데, 己土와 庚金이 병투(並透)하였으니 재(財)와 상관(傷官)이 유정(有情)하다.
　酉申 辛運이 가장 좋고, 壬癸運은 상관견관(傷官見官)이니 비록 신왕(身旺)하여 심하게 꺼리지는 않는다고 할지라도 결국은 좋은 운이 아니다.
　재운(財運)이 가장 좋은데, 식상운(食傷運)은 나뉘어진다.
　戊戌未는 조토(燥土)이니 습토(濕土)인 己丑辰에 미치지 못하는데, 습토(濕土)는 火를 설기(洩氣)하고 金을 생할 수 있기 때문이다.
　이 명조는 상관생재격(傷官生財格)에 丑中辛金이 용신이다.
　토금운(土金運)이 아름답고 목화운(木火運)은 불리하며, 천간의 수운(水運)은 길하고 지지의 수운(水運)은 평탄하다.

傷官佩印, 運行官殺爲宜, 印運亦吉, 食傷不礙, 財地則凶.

상관패인(傷官佩印)은 관살운(官殺運)이 마땅하고, 인수운(印綬運)도 또한 길하며, 식상운(食傷運)은 장애가 없으나,[1] 재운(財運)은 흉하다.

1) 상관운(傷官運)은 인수(印綬)의 회극(回剋)이 있으니 장애가 없다고 하는데, 결국은 좋은 운이 아니다.

서락오평주(徐樂吾評註)

상관패인(傷官佩印)이라는 것은,

① 하나는 신약(身弱)하고 상관(傷官)의 설기(洩氣)가 지나치게 많은 것으로 인하여 상관(傷官)을 극제하고 일주(日主)를 생조하고자 용인(用印)하는 경우이고,

② 두 번째는 하목(夏木)에 火가 나타나면 일주가 비록 약하지 않다고 할지라도 화왕목고(火旺木枯)하니 반드시 水의 윤택(潤澤)을 얻어야 하는 경우인데, 이것은 기후(氣候)를 조화(調和)하고자 용인(用印)하는 것이다.

壬 甲 丙 壬
申 午 午 申
癸壬辛庚己戊丁
丑子亥戌酉申未

가령 본편(本篇)의 패라(孛羅) 평장(平章)의 명조인데,
　상관(傷官)을 극제하고 일주(日主)를 생조하는 것과 기후(氣候)를 조화(調和)하는 두 가지의 작용을 겸하였으니 배가(倍加)하여 득력(得力)하였다.
　申酉庚辛이 도리어 아름다운 것은 인수(印綬)를 생하는 까닭이다.
　戊己에는 재운(財運)이니 흉하나, 다행히 서방지토(西方之土)이고 申酉에 임하였으며 원국(原局)에 편인(偏印)이 또한 왕하니 큰 장애가 없는데, 戌運은 반드시 좋지 않다.
　식상운(食傷運)인 화운(火運)에는 壬水의 회극(回剋)이 있으니 장애가 없다.
　이 명조는 진상관용인격(眞傷官用印格)에 壬水가 용신이니, 금수운(金水運)이 길하고 목화토운(木火土運)은 불리하다.

傷官而兼用財印, 其財多而帶印者, 運喜助印, 印多而
帶財者, 運喜助財.

　상관격(傷官格)이 재인(財印)을 겸용(兼用)하는 경우에는,
　재(財)가 많은데 인수(印綬)가 있는 것은 인수(印綬)를 돕는
운을 기뻐하고,
　인수(印綬)가 많은데 재(財)가 있는 것은 재(財)를 돕는 운을
기뻐한다.

서락오평주(徐樂吾評註)
　'상관격(傷官格)이 재인(財印)을 겸용(兼用)한다'는 것은 즉 '재격
(財格)이 용인수(用印綬)하거나 인수격(印綬格)이 용재(用財)한다'는
것이다.
　비록 월령이 상관(傷官)이라고 할지라도 상관(傷官)이 이미 재
(財)에 설기(洩氣)되었으니,
　고로 그 추뉴(樞紐)는 재(財)에 있고 상관(傷官)에 있지 않다.

　재(財)와 인수(印綬)는 병용(並用)하지 않으나, 간두에서 재(財)와
인수(印綬)가 모두 청(淸)하면 역시 취용(取用)할 수 있다.
　혹은 재(財)와 인수(印綬)가 하나는 천간에 있고 하나는 지지에
있어서 서로 장애가 없으면 또한 청(淸)하다고 논하는데, 가령 본편
(本篇)에서 인용한 두 명조이다.

```
壬 戊 己 丁
子 子 酉 酉
壬癸甲乙丙丁戊
寅卯辰巳午未申
```

한 도통제(都統制)의 명조인데, 재다신약(財多身弱)이나 기쁘게도 재(財)와 인수(印綬)가 서로 장애가 되지 않는다.

재(財)가 왕하니 용인(用印)하여 일주를 돕는데, 겸하여 조후(調候)한다.

운이 丁未 丙午로 행할 때는 인수운(印綬運)이니 본디 좋고, 乙巳 甲運은 관살운(官殺運)이니 또한 아름다운데, 관살(官殺)은 인수(印綬)를 생하고 아울러 재인지기(財印之氣)를 통관(通關)하는 까닭이다.

이 명조는 아우생아종재격(兒又生兒從財格)이니, 금수목운(金水木運)이 길하고 화토운(火土運)은 불리하다.

```
丁 戊 己 壬
巳 午 酉 戌
丙乙甲癸壬辛庚
辰卯寅丑子亥戌
```

한 승상(丞相)의 명조인데, 인수(印綬)가 많으니 용재(用財)한다.

기쁘게도 丁火와 壬水가 합하지 않는데, 용재(用財)하여 손인(損印)하니 용신은 재(財)에 있다.

운이 辛亥 壬子 癸丑으로 행할 때는 재운(財運)이니 가장 좋고,

甲寅 乙卯에는 관살운(官殺運)이니 아름답지 않은데, 관살(官殺)은 재(財)를 덜어내고 인수(印綬)를 생하는 까닭이다.

이 명조는 가상관격(假傷官格)에 酉中辛金이 용신이니, 토금수운(土金水運)이 아름답고 목화운(木火運)은 불리하다.

傷官而用殺印, 印運最利, 食傷亦亨, 雜官非吉, 逢財
卽危.

  상관격(傷官格)이 용살인(用殺印)하면 인수운(印綬運)이 가장 이롭고, 식상운(食傷運)에도 또한 형통하나,
  정관운(正官運)은 길하지 않고, 재운(財運)을 만나면 곧 위험하다.

서락오평주(徐樂吾評註)
  상관격(傷官格)에 살인(殺印)이 병투(並透)한 경우에도 또한 신강(身强)과 신약(身弱)으로 나뉘어진다.

  신약(身弱)하면 용인(用印)하여 일주를 돕는데, 가령 하(夏) 귀비(貴妃)의 명조이다.

```
丙 庚 丙 己        丙 庚 丙 己
子 子 子 未        子 子 子 未
癸壬辛庚己戊丁     己庚辛壬癸甲乙
未午巳辰卯寅丑     巳午未申酉戌亥
```

庚金이 설기(洩氣)되어 신약(身弱)하니, 용인(用印)하여 상관(傷官)을 극제하고 일주를 돕는다.

11월의 금수상관(金水傷官)은 기(氣)가 움츠러들고 차가우니 火를 취용하여 조후(調候)하는데,

즉 금수상관(金水傷官)은 관성(官星)이 나타나는 것을 기뻐한다는 뜻이고, 겸하여 인수(印綬)를 생한다.

년상(年上)에서 인수(印綬)가 득용(得用)하였으나 어릴 적에 乙亥 운이 파인(破印)하니, 출신은 비록 좋다고 할지라도 유년(幼年)에 반드시 극히 고고(孤苦)하였을 것이다.

甲運에는 己土를 합하여 재(財)가 인수(印綬)로 변하고, 戌運은 인수운(印綬運)이니 이 10년이 가장 좋다.

식상운(食傷運)인 癸壬에는 인수(印綬)의 회극(回剋)이 있으니 장애가 없고, 申酉運은 방신(幫身)하니 가히 행할 수 있다.

정관운(正官運)은 인수(印綬)의 인화(引化)가 있으니 오히려 방애(妨礙)가 없으나, 재운(財運)을 만나서 파인(破印)하면 몸이 반드시 위험하다.

이 명조는 진상관용인격(眞傷官用印格)에 己土가 용신이니, 화토금운(火土金運)이 좋고 수목운(水木運)은 좋지 않다.

행운의 전개가 잘못되어 있는데, 여명(女命)인 귀비(貴妃)의 명조이니 왼쪽의 행운으로 바꾸어야 한다.

```
壬 丙 丁 壬
辰 寅 未 寅
甲癸壬辛庚己戊
寅丑子亥戌酉申
```

이것은 본편(本篇)의 하언(夏言), 하(夏) 각로(閣老)의 명조이다.

비록 살인(殺印)이 함께 나타났다고 할지라도, 신강인왕(身强印旺)하고 未는 木의 고장(庫藏)이며 丁火와 壬水가 또한 합이화목(合而化木)하였다.

여름의 화토상관(火土傷官)은 용수(用水)하여 土를 적시고 기후를 조화하지 않으면 아니 되는데,

더욱 기쁜 것은 辰이 수고(水庫)이고 또한 습토(濕土)이니 가히 丙火의 건조함을 덜어내고 壬水의 뿌리가 된다. 고로 가용(可用)한다.

운이 酉庚 辛亥 壬子 癸丑으로 행할 때에 金水의 재살운(財殺運)이니 자연히 부귀하였다.

비겁운(比刦運)과 인수운(印綬運)과 식상운(食傷運)은 모두 마땅하지 않다.

이 명조는 시상일위귀격(時上一位貴格)에 壬水가 용신이니, 금수운(金水運)이 길하고 목화토운(木火土運)은 불리하다.

傷官帶殺, 喜印忌財, 然傷重殺輕, 運喜印而財亦吉,
惟七殺根重, 則運喜食傷, 印綬身旺亦吉, 而逢財爲凶矣.

상관격(傷官格)이 칠살(七殺)을 대동하고 있으면 인수운(印綬運)을 기뻐하고 재운(財運)은 꺼리는데,
그러나 상관(傷官)이 많고 칠살(七殺)이 적으면 인수운(印綬運)을 기뻐하고 재운(財運)도 또한 길하다.

칠살(七殺)의 뿌리가 깊으면 식상운(食傷運)을 기뻐하고, 인수운(印綬運)과 신왕운(身旺運)도 또한 길하나, 재운(財運)을 만나면 흉하다.

서락오평주(徐樂吾評註)
상관격(傷官格)이 칠살(七殺)을 대동하고 있으나 원국(原局)에 인수(印綬)가 없으면 보통은 모두 인수운(印綬運)이 가장 좋은 운인데, 칠살(七殺)을 인화하고 상관(傷官)을 극제하며 일주(日主)를 돕기 때문이다.
가령 나의 명조가 이것이다. (丙戌, 壬辰, 丙申, 丙申)

만약 상관(傷官)은 왕하고 칠살(七殺)이 약하면 제살태과(制殺太過)인데,
용인(用印)하여 칠살(七殺)을 호위하여야 하니 인수운(印綬運)은 본디 좋고, 재운(財運)도 또한 길하다.
예를 들어서 그것을 밝힌다.

己 丙 戊 辛
亥 辰 戌 卯
辛壬癸甲乙丙丁
卯辰巳午未申酉

　戊戌辰己로 土가 네 개나 있으니 상관(傷官)이 많은데,
　시(時)에서 亥水라는 독살(獨殺)을 만났으니 칠살(七殺)이 용신(격국)이다.
　申運에는 土를 덜어내고 水를 생하니 좋았고,
　乙未運에 이르러서는 亥卯未가 목국(木局)을 암합(暗合)하여 土를 극제하고 칠살(七殺)을 호위하니 과갑연등(科甲連登)하였다.
　甲午運에 이르러서는 甲己가 합하여 상관(傷官)인 土로 변하였는데, 己巳年(39세)에 亥水를 충거(沖去)하니 세상을 떠났다.
　이 명조는 진상관용인격(眞傷官用印格)에 亥中甲木이 용신이니, 수목운(水木運)이 길하고 화토금운(火土金運)은 불리하다.
　이 명조는 적천수천미의 관살장(官殺章)에 나오는 명조이다.

칠살(七殺)의 뿌리가 깊은 것은,
가령 근대의 절강성장(浙江省長)이었던 장재양(張載揚)의 명조이다.

丙 庚 乙 癸
子 寅 丑 酉
戊己庚辛壬癸甲
午未申酉戌亥子

이 명조는 비록 월령이 상관(傷官)이 아니라고 할지라도, 丑月은 水의 여기(餘氣)이고 년시(年時)에 癸水와 子水가 있으니 또한 잡기상관(雜氣傷官)으로 논한다.
병화칠살(丙火七殺)이 寅에 통근하였으니 뿌리가 깊다.
癸亥에서 己未에 이르기까지 상관(傷官)과 비겁(比刦)과 인수(印綬)가 모두 아름다운데, 辛酉 庚申은 신왕운(身旺運)이니 더욱 좋다. 다만 다시 재향(財鄕)과 살지(殺地)로 행하여서는 아니 된다.
이 명조는 부건파처격(夫健怕妻格)에 酉中辛金이 용신이니, 토금운(土金運)이 길하고 수목화운(水木火運)은 불리하다.

傷官用官, 運喜財印, 不利食傷, 若局中官露而財印兩旺, 則比刦傷官, 未始非吉矣.

상관격(傷官格)이 용관(用官)하면 재운(財運)과 인수운(印綬運)을 기뻐하고, 식상운(食傷運)은 불리하다.

만약 원국에 정관(正官)이 투출하고 재(財)와 인수(印綬)가 모두 왕하면 비겁운(比刦運)과 상관운(傷官運)도 나쁘지 않다.

서락오평주(徐樂吾評註)
상관격(傷官格)이 용관(用官)하는 것은 대체로 조후(調候)를 위하여 취용(取用)한다.

용관(用官)하면 본디 재향(財鄕)을 기뻐하고, 상관(傷官)을 극제하고 관성(官星)을 호위하니 인수운(印綬運)도 또한 아름다운데, 모두 사주배치(四柱配置)가 마땅함을 얻어야 한다.

丁　庚　甲　戊
丑　午　子　申
辛庚己戊丁丙乙
未午巳辰卯寅丑

　본편(本篇)의 한 승상(丞相)의 명조이다.
　상관(傷官)이 생재(生財)하고 재(財)가 생관(生官)하는데, 만약 상관(傷官)과 관성(官星)이 병투(並透)하였다면 취할 수 없었을 것이다.
　관성(官星)이 용신이니 재향(財鄕)을 기뻐하고, 인수운(印綬運)도 아름답다. 이에 丙寅 丁卯 戊辰 己巳 庚午가 모두 좋은 운이다.
　이 명조는 진상관용인격(眞傷官用印格)에 丑中己土가 용신이니, 화토금운(火土金運)이 좋고 수목운(水木運)은 불리하다.

辛 己 壬 甲
未 亥 申 子
己戊丁丙乙甲癸
卯寅丑子亥戌酉

　비록 월령이 상관(傷官)이라고 할지라도, 子申이 합국(合局)하여 상관(傷官)이 재(財)로 변하였으니 재왕생관(財旺生官)으로 논하고 상관용관(傷官用官)으로 논하지 않는다.
　행운은 정관운(正官運)과 인수운(印綬運)과 신왕운(身旺運)이 좋다.
　재(財)가 이미 왕하니 다시 나타나는 것은 마땅하지 않고, 상관(傷官)도 또한 마땅하지 않다.
　본편(本篇)의 장(章) 승상(丞相)의 명조이다.
　이 명조는 가종살용재격(假從殺用財格)이니, 금수목운(金水木運)이 좋고 화토운(火土運)은 불리하다.

제43장
양인격(陽刃格)을 논함

陽刃者, 刦我正財之神, 乃正財之七殺也, 祿前一位, 惟五陽有之, 故爲陽刃, 不曰刦而曰刃, 刦之甚也, 刃宜制伏, 官殺皆宜, 財印相隨, 尤爲貴顯, 夫正官而財印相隨美矣, 七殺得之, 夫乃甚乎, 豈知他格以殺能傷身, 故喜制伏, 忌財印, 陽刃用之, 則賴以制刃, 不怕傷身, 故反喜財印, 忌制伏也.

양인(陽刃)이라는 것은 나의 정재(正財)를 겁탈하는 신(神)이니, 정재(正財)의 칠살(七殺)이다.
녹(祿)에서 한 걸음 나아간 것인데, 오직 오양(五陽)에만 있으니 고로 양인(陽刃)이다.
겁(刦)이라고 말하지 않고 인(刃)이라고 말하는 것은 겁탈이 심한 까닭이다.

양인(陽刃)은 제복(制伏)이 마땅하니 정관(正官)과 칠살(七殺)이 모두 마땅한데, 재인(財印)이 따라오면 더욱 귀현(貴顯)한다.

정관(正官)은 재인(財印)이 따라와야 아름다운데, 칠살(七殺)이 재인(財印)을 만나면 정도가 지나친 것이 아닌가?[1]
'타격(他格)에서는 칠살(七殺)이 일주를 극하니 고로 제복(制伏)을 기뻐하고 재인(財印)을 꺼리나, 양인격(陽刃格)이 용살(用殺)하면 칠살(七殺)의 극제에 의지하고 일주의 상함을 두려워하지 않으니 고로 재인(財印)을 도리어 기뻐하고 제복(制伏)을 꺼린다'는 것을 어찌 알겠는가?

1)칠살(七殺)에도 재인(財印)이 보좌하여야 하는 것은 무슨 까닭인가?

서락오평주(徐樂吾評註)

녹(祿)에서 한 걸음 나아간 것인 인(刃)인데, 인(刃)*이라는 것은 왕(旺)함이 그 분수를 넘었다는 것이다.

가득함이 극에 이르면 장차 손해를 불러오니, 고로 길신(吉神)이 아니다.

*인(刃): 칼날 인, 칼 인.

오양(五陽)이라는 것은 甲丙戊庚壬이다. 어찌하여 오양(五陽)에만 양인(陽刃)이 있고 오음(五陰)에는 양인(陽刃)이 없는가?

오행(五行)을 음양(陰陽)으로 나눈 것이 십간(十干)인데, 甲乙은 하나의 木이고 丙丁은 하나의 火이니 장생(長生)과 녹왕(祿旺)은 하나이고 둘이 아니다.

이에 음양가(陰陽家)들은 겨우 사장생(四長生)만을 이야기하였고, 또한 오양인(五陽刃)만을 이야기하였을 뿐이다.

또한 양인(陽刃)이라는 것은 기후(氣候)를 취하여 이야기한 것이니,

甲木이 卯月에 생하면 양인(陽刃)이나,

만약 卯月이 아닌데 천간에 乙木이 투출하거나, 혹은 년일시지(年日時支)가 卯이면 응당 비겁(比劫)이라고 이름하고 양인(陽刃)이라고 이름하지 않는다.

이름하여 일인(日刃)이나 시인(時刃)이라는 것이 있는데, 실은 양인(陽刃)이 아니다.

양인(陽刃)과 겁재(刧財)는 하나인데, 다만 그 힘에 경중(輕重)이 있을 뿐이다.
왕(旺)함이 지나쳐서 극에 이르렀으니 고로 제복(制伏)이 마땅한데, 정관(正官)과 칠살(七殺)을 논하지 않고 모두 마땅하다.

타격(他格)이 용관살(用官殺)하면 재(財)를 기뻐하는 것은 인수(印綬)를 기뻐하지 않고 인수(印綬)를 기뻐하는 것은 재(財)를 기뻐하지 않는데, 오직 양인격(陽刃格)은 인강살왕(刃强殺旺)하여야 아름답다.
신왕적살(身旺敵殺)이면 식상(食傷)의 제복(制伏)에 의지하지 않는데, 오직 양인격(陽刃格)만이 그러하다.

이미 신왕적살(身旺敵殺)인데도 어찌하여 다시 인수(印綬)를 기뻐하는가?
칠살(七殺)과 양인(陽刃)이 서로 대치하는데, 인수(印綬)가 칠살(七殺)과 양인(陽刃)의 사이를 조화시키고 그 기(氣)를 통관하는 까닭이다.
시 실상 살인양정(殺刃兩停)*이라는 것은 매우 저은데, 설령 진정한 살인양정(殺刃兩停)이라고 할지라도 역시 인수운(印綬運)이 가장 마땅하다.

*살인양정(殺刃兩停): 칠살(七殺)과 양인(陽刃)이 서로 균등한 격국.

일주가 더욱 왕(旺)하면 더욱 용살(用殺)할 수 있다.
고래(古來)에 가령 악무목(岳武穆)*의 명조는 癸未 · 乙卯 · 甲子 · 己巳인데,
양인(陽刃)이 왕하고 칠살(七殺)이 경(輕)하나 재인(財印)이 보좌하니 인수운(印綬運)이 아름답다.
亥運에 이르러 양인(陽刃)과 삼합(三合)을 이루고 巳를 충(沖)하

는데,

辛酉年(39세)에 합살(合殺)하여 칠살(七殺)과 양인(陽刃)이 서로 다투고 세운(歲運)이 충격(沖激)하니 뜻밖에 재앙을 만났다.

이것은 양인격(陽刃格)이 가장 뚜렷하게 나타난 명조이다.

*악무목(岳武穆): 악비(岳飛,1103-1142)의 시호가 무목(武穆)이다. 금군(金軍)을 격파한 공으로 벼슬이 태위(太尉)에 이르렀으나, 진회(秦檜)의 주화설(主和說)에 반대하다가 39세로 옥에서 죽었다.

관우(關羽)는 관제(關帝)라고 높여 부르고, 악비(岳飛)는 악왕(岳王)이라고 높여 부른다.

己 甲 乙 癸
巳 子 卯 未
戊己庚辛壬癸甲
申酉戌亥子丑寅

이 명조는 식신생재격(食神生財格)에 己土가 용신이다.

陽刃用官, 透刃不慮, 陽刃露殺, 透刃無成, 蓋官能制刃, 透而不爲害, 刃能合殺, 則有何功, 如丙生午月, 透壬制刃而又露丁, 丁與壬合, 則七殺有貪合忘剋之意, 如何制刃, 故無功也.

양인용관(陽刃用官)은 양인(陽刃)의 투출을 두려워하지 않으나,
양인용살(陽刃用殺)은 양인(陽刃)이 투출하면 명리(名利)를 이루지 못한다.

정관(正官)은 양인(陽刃)을 극제할 수 있으니 양인(陽刃)이 투출하더라도 해가 되지 않으나,
칠살(七殺)은 양인(陽刃)이 합살(合殺)할 수 있는데 어찌 공(功)이 있을 것인가?

가령 丙火가 午月에 생하고 壬水가 투출하여 양인(陽刃)을 극제하는데, 다시 丁火가 투출하였으면 丁火와 壬水가 서로 합하여 칠살(七殺)이 탐합망극(貪合忘剋)한다.
어찌 양인(陽刃)을 극제할 것인가? 고로 공(功)이 없다.

서락오평주(徐樂吾評註)
월령이 양인(陽刃)이라고 할지라도 모두 관살(官殺)이 용신인 것은 아니다.
다만 일원의 왕(旺)함이 그 정도를 넘어선 것이니, 용관살(用官殺)하여 극제하지 않으면 귀격(貴格)을 이루지 못한다.
양인(陽刃)은 반드시 관살(官殺)을 대동하여야 한다고 말하는 것

은 이러한 까닭이다.

월령이 양인(陽刃)이라고 할지라도 모두가 신왕(身旺)한 것은 아니다.

가령 戊子·戊午·丙辰·戊戌은 월령이 양인(陽刃)이나 설기(洩氣)가 지나치게 심하다. 도리어 꺼리게도 신약(身弱)하니 반드시 그 양인(陽刃)을 도와야 한다.

자수관성(子水官星)은 투출하지 않았고 戊土에 극(剋)당하니 용신이 될 수 없다.

도리어 반드시 인수(印綬)로 식신(食神)을 극제하고 양인(陽刃)을 도와야 아름다운데, 즉 이것이 그 예이다.

칠살(七殺)과 양인(陽刃)이 병투(並透)하면 합살(合殺)하여 공(功)이 없다.

가령 甲申·乙卯·甲寅·庚午는 한 내관(內官)의 명조인데, 탐합망극(貪合忘剋)하는 까닭이다.

戊 丙 戊 戊	庚 甲 乙 甲	庚 甲 乙 甲
戌 辰 午 子	午 寅 卯 申	午 寅 亥 申
乙甲癸壬辛庚己	壬辛庚己戊丁丙	壬辛庚己戊丁丙
丑子亥戌酉申未	戌酉申未午巳辰	午巳辰卯寅丑子

왼쪽 명조는 진상관용겁격(眞傷官用劫格)에 午中丁火가 용신이다.

오른쪽의 명조는 잘못된 명조인데, 甲申年에는 丁卯月이고 乙卯月이 아니다.

천간에 乙木이 있으려면 亥月이어야 하니 乙亥月로 바꾸었는데, 이 명조는 상관생재격(傷官生財格)에 午中己土가 용신이다.

然同是官殺制刃, 而格亦有高低, 如官殺露而根深, 其貴也大, 官殺藏而不露, 或露而根淺, 其貴也小, 若己酉丙子壬寅丙午, 官透有力, 旺財生之, 丞相命也, 又辛丑甲午丙申壬辰, 透殺根淺, 財印助之, 亦丞相命也.

그러나 똑같이 관살(官殺)이 양인(陽刃)을 극제한다고 할지라도 격에는 또한 고저(高低)가 있다.

가령 관살(官殺)이 투출하였으면서 뿌리가 깊으면 그 귀(貴)가 크고,
관살(官殺)이 지지에 있고 투출하지 않았거나 혹은 투출하였더라도 뿌리가 얕으면 그 귀(貴)가 작다.

가령 己酉·丙子·壬寅·丙午는 정관(正官)이 투출하였고 유력(有力)한데, 왕재(旺財)가 생하니 승상(丞相)의 명조이다.

또한 辛丑·甲午·丙申·壬辰은 투출한 칠살(七殺)의 뿌리가 얕으나 재인(財印)이 보좌하니 역시 승상(丞相)의 명조이다.

丙	壬	丙	己		壬	丙	甲	辛
午	寅	子	酉		辰	申	午	丑
己庚辛壬癸甲乙					丁戊己庚辛壬癸			
巳午未申酉戌亥					亥子丑寅卯辰巳			

왼쪽 명조는 극설교가용인격(剋洩交加用印格)에 酉中辛金이 용신이고,
오른쪽 명조는 살인상정격(殺刃相停格)에 午中丁火가 용신이다.

서락오평주(徐樂吾評註)

己酉명조는 己土가 午에서 득록(得祿)하였는데, 寅午가 회국(會局)하고 丙火가 양투(兩透)하였다.

왕재(旺財)가 생살(生殺)하는데, 양인(陽刃)인 子水는 고립을 면하지 못하고 있다.

좋은 점은 재(財)가 인수(印綬)를 극하지 않고 운이 서북(西北)으로 행하는 것인데, 어찌 귀하지 않을 것인가?

辛丑명조는 살인양정(殺刃兩停)이니, 고로 재(財)와 인수(印綬)가 모두 아름답다.[1]

1) 신약(身弱)한데 재(財)가 어찌 좋을 것인가?

그런데 '지지에 있고 투출하지 않았으면 귀(貴)가 작다'는 것은 다 그런 것은 아닌 것 같다.

가령 손청(遜淸)의 화신(和珅)의 명조는 庚午·乙酉·庚午·壬午인데,

정관(正官)과 양인(陽刃)이 모두 지지에 있고 투출하지 않았으나, 기쁘게도 乙木이 庚金을 좇아 화(化)하여 관성(官星)을 돕지 않고, 관성(官星)이 많으나 壬水가 극제한다.

운이 戊子 己丑으로 행하여 관성(官星)을 인화하고 일주를 도우니 지위가 극(極)에 이르렀다.

寅運에 이르러 午와 회국(會局)을 이루는데, 재(財)가 왕관(旺官)을 생하니 가산이 깨어지고 세상을 떠났다.

'격국(格局)의 고저(高低)는 청탁(淸濁)에 있다'는 것을 족히 알 수 있는데, 투출하였으면서 뿌리가 깊으면 격국이 청(淸)하니 이에 귀할 뿐이다.

```
壬 庚 乙 庚
午 午 酉 午
```

壬辛庚己戊丁丙
辰卯寅丑子亥戌

이 명조는 살중신경격(殺重身輕格)에 酉中辛金이 용신이다.

　화신(和珅)의 명조는 적천수보주(滴天髓補註)의 전국장(戰局章)에 자세하게 나오는데, 庚午日이 아니라 庚子日이다. 역사상 최악의 탐관오리였던 화신(和珅)의 명조인데, 사주가 탁하다고 아니할 수 없다.

　또한 寅運에 죽지 않았고 壬運 壬申年(63세)에 세상을 떠났다. 대운의 숫자는 3이다.

然亦有官殺制刃帶食傷而貴者, 何也? 或是印護, 或是殺太重而裁損之, 官殺競出而取清之, 如穆同知命, 甲午癸酉庚寅戊寅, 癸水傷寅午之官, 而戊以合之, 所謂印護也, 如賈平章命, 甲寅庚午戊申甲寅, 殺兩透而根太重, 食以制之, 所謂裁損也, 如丙戌丁酉庚申壬午, 官殺競出, 而壬合丁官, 殺純而不雜, 況陽刃之格, 利於留殺, 所謂取清也.

그러나 또한 관살(官殺)이 양인(陽刃)을 극제하나 식상(食傷)을 대동하고도 귀한 경우가 있는데, 어찌된 까닭인가?
인수(印綬)가 호위하거나, 혹은 칠살(七殺)이 지나치게 많은데 식상(食傷)이 칠살(七殺)을 제어하거나, 관살(官殺)이 경출(競出)하였는데 식상(食傷)이 취청(取淸)한 경우이다.

①가령 목(穆) 동지(同知)의 명조는 甲午·癸酉·庚寅·戊寅인데, 癸水가 寅午라는 관성(官星)을 상하는데 戊土가 합한다.
소위 '인수(印綬)가 호위한다'는 것이다.

②가령 가(賈) 평장(平章)의 명조는 甲寅·庚午·戊申·甲寅인데, 칠살(七殺)이 양투(兩透)하고 뿌리가 지나치게 많으나 식신(食神)이 극제한다.
소위 '칠살(七殺)을 제어한다'는 것이다.

③가령 丙戌·丁酉·庚申·壬午는 관살(官殺)이 경출(競出)하였으나, 壬水가 정화관성(丁火官星)을 합하였으니 칠살(七殺)이 순이부잡(純而不雜)하다.
하물며 양인격(陽刃格)에는 칠살(七殺)이 남아 있어야 이로운

데, 소위 '취청(取淸)'이라는 것이다.

戊 庚 癸 甲	甲 戊 庚 甲	壬 庚 丁 丙
寅 寅 酉 午	寅 申 午 寅	午 申 酉 戌
庚己戊丁丙乙甲	丁丙乙甲癸壬辛	甲癸壬辛庚己戊
辰卯寅丑子亥戌	丑子亥戌酉申未	辰卯寅丑子亥戌

첫 번째 명조는 부건파처격(夫健怕妻格)에 酉中辛金이 용신이고,
두 번째 명조는 살중용인격(殺重用印格)에 午中丁火가 용신이며,
세 번째 명조는 살인상정격(殺刃相停格)에 丙火가 용신이다.

서락오평주(徐樂吾評註)

①살인격(殺刃格)이 식상(食傷)을 대동하면 관살(官殺)이 극(剋)당하니 격의 병(病)인데,

무토인수(戊土印綬)가 癸水를 합하여 그 병신(病神)을 제거하니 이에 귀하였다.

목(穆) 동지(同知)의 명조는 아쉽게도 寅午를 酉가 가로막아서 회합(會合)할 수 없고, 또한 순수(純粹)한 인수운(印綬運)이 없다.

만약 년시(年時)의 寅午가 서로 위치를 바꿨으면 격국이 보다 나았을 것이다.

②가(賈) 평장(平章)의 명조는 년월(年月)의 寅午가 회국(會局)하였으니 양인(陽刃)이 아니고 인수(印綬)인데, 庚金이 申에 통근하였으니 신강살왕(身强殺旺)에 극제가 있다.

戊土가 午月에 생하여 화염토조(火炎土燥)하니 마땅히 水로 적셔야 한다. 이에 조후(調候)로 취용하여야 하고, 살인격(殺刃格)으로 볼 수 있는 것은 아닌 것 같다.

③丙戌명조는 丁壬이 합하여 합관유살(合官留殺)되었으니 격국이 취청(取淸)하였다.

그러나 관살(官殺)이 경출(競出)하였으면 중요한 것은 배치(配置)가 마땅함을 얻은 것이고, 반드시 합(合)과 제(制)가 필요한 것은 전혀 아니다.

가령 전청(前淸)의 건륭제(乾隆帝)의 명조는 辛卯·丁酉·庚午·丙子인데, 양인격(陽刃格)에 관살(官殺)이 경출(競出)한 경우이다.

丙　庚　丁　辛
子　午　酉　卯
庚辛壬癸甲乙丙
寅卯辰巳午未申

이 명조는 살인상정격(殺刃相停格)에 酉中辛金이 용신이다.

其於丙生午月, 內藏己土, 可以剋水, 尤宜帶財佩印, 若戊生午月, 干透丙丁, 支會火局, 則化刃爲印, 或官或殺, 透則去刃存印, 其格愈淸, 倘或財殺並透露, 則犯去印存殺之忌, 不作生殺制殺之例, 富貴兩空矣.

①丙火가 午月에 생하면 안에 己土가 암장하고 있어서 水를 극할 수 있으니, 다시 재(財,木)를 대동하고 인수(印綬,金)를 대동하여야 마땅하다.

②戊土가 午月에 생하였는데 천간에 丙丁이 투출하고 지지가 화국(火局)을 이루었으면 양인(陽刃)이 인수(印綬)로 변하는데,
정관(正官,乙)이나 혹은 칠살(七殺,甲)이 투출하여 양인(陽刃)을 제거하고 인수(印綬)를 보존하면 그 격이 더욱 청(淸)하게 된다.

③만약 재(財)와 칠살(七殺)이 병투(並透)하였으면 꺼리게도 인수(印綬)는 제거되고 칠살(七殺)만 남게 되니,
생살(生殺)이나 제살(制殺)하는 예로 삼지 않으며 부귀가 모두 헛되게 된다.

서락오평주(徐樂吾評註)
①丙火가 午月에 생하였는데 재(財,木)와 인수(印綬,金)를 대동하였으면, 가령 丙寅·甲午·丙申·壬辰이라는 명조이다.
申辰이 공합(拱合)하고 壬水가 통근하였으니 인왕살강(刃旺殺强)한데,
재(財)가 파인(破印)하지 않아서 아름다우니, 이에 병형(兵刑)의

생살대권(生殺大權)을 장악하였다.

만약 寅申이 자리를 바꾸어서 申이 년(年)에 있고 寅이 일(日)에 있으면 양인(陽刃)은 왕하나 칠살(七殺)이 강하지 않으니 귀격(貴格)이 아니었을 것이다.

또한 가령 丙寅 · 甲午 · 丙午 · 癸巳는 인수(印綬)는 있으나 재(財)를 대동하지 않았으니 계수관성(癸水官星)이 무근(無根)이다.
癸水가 적수오건(滴水熬乾)*되어 용신이 될 수 없으니 단지 그 강세(强勢)에 종(從)하여야 하는데, 중화(中和)를 잃었으니 역시 좋은 격이 아니다.

*적수오건(滴水熬乾): 한 방울의 물이 볶아져서 말라 있음.

② 戊土가 午月에 생하여 화염토조(火炎土燥)한데, 다시 지지에서 화국(火局)을 이루고 丙丁이 투출하였으면 왕(旺)함이 극에 이른다.
만약 관살(官殺)이 투출하였으면 木이 화세(火勢)를 좇아서 도리어 그 왕(旺)함을 돕는데, 어찌 양인(陽刃)을 극제하고 인수(印綬)를 보존할 수 있을 것인가?

가령 戊午 · 戊午 · 戊午 · 甲寅은 비록 丙丁이 투출하지 않았다고 할지라도 寅午가 공합(拱合)하고 甲木은 도리어 염세(炎勢)를 도우니,
반드시 金運으로 행하여 土를 설기(洩氣)하고 제살(制殺)하여야 비로소 아름답고, 水運은 그 왕세(旺勢)를 거스르니 도리어 좋지 않다.
격이 비록 청(淸)하다고 할지라도 편고(偏枯)이다.

③ 만약 칠살(七殺)은 왕하고 인수(印綬)가 경(輕)하면 칠살(七殺)을 인화하는 인수(印綬)가 용신이다.

가령 甲寅·庚午·戊寅·甲寅은 甲木이 寅에 통근득록(通根得祿)하여 왕살(旺殺)이 양인(陽刃)을 제거하고 인수(印綬)를 보존하는데, 인수(印綬)가 칠살(七殺)을 인화하여 그 중화를 얻었으니 부귀복수(富貴福壽)하고 명리양전(名利兩全)하였다.

이 명조는 오묘하게도 재(財)가 없고, 庚金은 무근(無根)이니 가히 치지불용(置之不用)하는데,

만약 재(財)가 투출하였으면 파인(破印)하고 생살(生殺)하니 격국이 전부 깨어졌을 것이다.

壬 丙 甲 丙	癸 丙 甲 丙	甲 戊 戊 戊	甲 戊 庚 甲
辰 申 午 寅	巳 午 午 寅	寅 午 午 午	寅 寅 午 寅
庚己戊丁丙乙	庚己戊丁丙乙	甲癸壬辛庚己	丙乙甲癸壬辛
子亥戌酉申未	子亥戌酉申未	子亥戌酉申未	子亥戌酉申未

첫 번째 명조는 시상일위귀격(時上一位貴格), 살인상정격(殺刃相停格)에 壬水가 용신이고,

두 번째 명조는 염상격(炎上格)이며,

세 번째 명조는 화토종기격(火土從氣格)이고,

네 번째 명조는 살중용인격(殺重用印格)에 午中丁火가 용신이다.

更若陽刃用財, 格所不喜, 然財根深而用食傷, 以轉刃生財, 雖不比建祿月刦, 可以取貴, 亦可就富, 不然, 則刃與財相搏, 不成局矣.

더욱이 가령 양인격(陽刃格)이 용재(用財)하는 경우가 있다.

양인격(陽刃格)에서 기뻐하는 바는 아닌데,
그러나 재(財)의 뿌리가 깊고 용식상(用食傷)하여 양인(陽刃)을 옮겨서 생재(生財)하면, 비록 건록월겁격(建祿月劫格)은 귀(貴)를 취할 수 있는 것에 비할 수는 없다고 할지라도, 역시 부(富)를 취할 수는 있다.

그렇지 않으면 양인(陽刃)과 재(財)가 서로 다투고 성국(成局)하지 못한다.

서락오평주(徐樂吾評註)
월령이 양인(陽刃)이면 일원이 반드시 왕한데,
재(財)의 뿌리가 만약 깊으면 서로가 대치하니 반드시 용식상(用食傷)하여 그 기(氣)를 통하게 하여야 한다.
소위 '통관(通關)'이다.

①가령 甲申 · 丙子 · 壬寅 · 辛亥인데,
기쁘게도 寅亥가 서로 합하여 木火가 생지(生地)를 얻었고, 子申이 회국(會局)하여 식신(食神)이 또한 생부(生扶)를 얻었으니 재기통문호(財氣通門戶)*이고 부격(富格)이다.

*재기통문호(財氣通門戶): 재기(財氣)가 문호(門戶)에 통하였다는 말인데, 적천수(滴天髓)의 하지장(何知章)에서 부격(富格)을 설명하는 말이다.

②만약 양인(陽刃)이 왕하고 재(財)가 경(輕)한데도 식상(食傷)이 없으면, 가령 戊子・戊午・戊戌・戊午이다.

화염토조(火炎土燥)하니 비록 水의 윤택(潤澤)이 필요하다고 할지라도, 그러나 水의 뿌리인 식상(食傷)이 없으니 한 방울의 물이 보존되기 어렵다.

③또한 가령 戊申・戊午・戊子・戊午는 申이라는 글자가 하나 있어서 子水의 뿌리가 되니, 비록 金水가 투출하지 않아서 부귀격(富貴格)은 아니라고 할지라도 상당한 짜임새가 있다.

```
辛 壬 丙 甲      戊 戊 戊 戊      戊 戊 戊 戊
亥 寅 子 申      午 戌 午 子      午 子 午 申
癸壬辛庚己戊丁   乙甲癸壬辛庚己   乙甲癸壬辛庚己
未午巳辰卯寅丑   丑子亥戌酉申未   丑子亥戌酉申未
```

첫 번째 명조는 식신생재격(食神生財格)에 丙火가 용신이고,
두 번째 명조는 군겁쟁재격(群刧爭財格)에 子中癸水가 용신이며,
세 번째 명조는 식신생재격(食神生財格)에 申中壬水가 용신이다.

제44장
양인격(陽刃格)의 취운(取運)을 논함

陽刃用官, 則運喜助官, 然命中官星根深, 則印綬比刦之方, 反爲美運, 但不喜食傷合官耳.

양인격(陽刃格)이 용관(用官)하면 정관(正官)을 돕는 운을 기뻐한다.

그러나 명중에 관성(官星)의 뿌리가 깊으면 인수운(印綬運)과 비겁운(比刦運)이 도리어 좋은 운이고,
다만 식상운(食傷運)은 합관(合官)하니 기뻐하지 않는다.

서락오평주(徐樂吾評註)
양인격(陽刃格)은 가장 간단한데,
월령이 양인(陽刃)이어서 일원이 왕(旺)하니 용관살(用官殺)하여 극하지 않으면 용식상(用食傷)하여 덜어낸다.

양인격(陽刃格)이 재(財)를 만나면 식상(食傷)이 통관(通關)하지 않으면 아니 되는데, 이것은 그 관건이 식상(食傷)에 있다.

양인(陽刃)이 왕하고 관살(官殺)이 경(輕)하면 용인수(用印綬)하여 통관하지 않으면 아니 되는데,
이미 극제(剋制)할 수 없으면 인화(引和)하는 것만 못하기 때문이

다.[1]

[1]관살(官殺)이 허탈무기(虛脫無氣)한 경우를 의미한다. 관성(官星)이 허탈무기(虛脫無氣)하지 않으면 반드시 재(財)로 생조(生助)하여야 한다.

그러나 월령이 양인(陽刃)이라고 할지라도 반드시 신왕(身旺)한 것은 아니니,
가령 본편(本篇)의 한 승상(丞相)의 명조이다.

丙 壬 丙 己
午 寅 子 酉
己庚辛壬癸甲乙
巳午未申酉戌亥

재왕생관격(財旺生官格)이다.
비록 월령이 양인(陽刃)이라고 할지라도 재(財)가 더욱 왕한데,
기쁘게도 己酉를 얻어서 관인(官印)이 상생(相生)하니 재관인(財官印)과 양인(陽刃)이 두루 유통하여 멈추지 않는다.
인수운(印綬運)과 비겁운(比刼運)은 모두 좋은 운이고, 정관운(正官運)도 또한 길한데, 가령 癸酉 壬申 辛未 30년이 이것이다.
갑목식신(甲木食神)은 관성(官星)을 합하고, 을목상관(乙木傷官)은 관성(官星)을 상하니 모두 길지(吉地)가 아니다.
이 명조는 극설교가용인격(剋洩交加用印格)에 酉中辛金이 용신이니, 금수운(金水運)이 길하고 목화운(木火運)은 불리하다.
토운(土運)은 흉한데, 지지의 습토운(濕土運)은 길하다.

陽刃用殺, 殺不甚旺, 則運喜助殺, 殺若太重, 則運喜身旺印綬, 食傷亦不爲忌.

양인격(陽刃格)이 용살(用殺)하는데 칠살(七殺)이 왕하지 않으면 칠살(七殺)을 돕는 운을 기뻐한다.

칠살(七殺)이 만약 지나치게 많으면 신왕운(身旺運)과 인수운(印綬運)을 기뻐하는데, 식상운(食傷運)도 또한 꺼리지 않는다.

서락오평주(徐樂吾評註)
양인용살(陽刃用殺)은 양인용관(陽刃用官)과 의의가 서로 같은데, 다른 바는 관살(官殺)의 성질(性質)일 뿐이다.
정관(正官)은 마땅히 생왕(生旺)하여야 하고 칠살(七殺)은 마땅히 제복(制伏)하여야 하니,
고로 식상운(食傷運)에 있어서 의기(宜忌)가 같지 않다.

壬 丙 甲 辛
辰 申 午 丑
丁戊己庚辛壬癸
亥子丑寅卯辰巳

본편(本篇)의 또 하나의 승상(丞相)의 명조이다.

칠살(七殺)이 투출하고 뿌리가 깊으니, 비록 월령이 양인(陽刃)이라고 할지라도 신왕(身旺)하지 않다.

용인(用印)하여 칠살(七殺)을 인화하는데, 기쁘게도 양인(陽刃)이 재(財)를 극제하여 인수(印綬)를 호위한다.

초운(初運)에는 관살(官殺)이 비록 마땅하지는 않다고 할지라도 인수(印綬)의 인화가 있으니 장애가 없었고,

중운(中運)인 인수지지(印綬之地)에는 庚辛金이 통근하지 않았는데 칠살(七殺)을 돕고 인수(印綬)를 도우니 모두 좋은 운이다.

己丑 戊運에는 식상(食傷)이 제살(制殺)한다고 할지라도 인수(印綬)의 회극(回剋)이 있으니 또한 행할 수 있으나, 子運은 양인(陽刃)을 충(沖)하니 길하지 않다.

이 명조는 살인상정격(殺刃相停格)에 午中丁火가 용신이니, 목화운(木火運)이 길하고 토금수운(土金水運)은 불리하다.

월령이 양인(陽刃)인데, 관살(官殺)이 투출하였으면 관살(官殺)로 양인(陽刃)을 극제하니 성격(成格)한다.

만약 다시 식상(食傷)이 투출하였으면 극설교집(剋洩交集)인데, 반드시 사주의 배합(配合)이 어떠한가를 살펴보되, 하나를 고집하여서는 아니 된다.

가령 본편(本篇)의 목(穆) 동지(同知)의 명조이다.

戊 庚 癸 甲
寅 寅 酉 午
庚己戊丁丙乙甲
辰卯寅丑子亥戌

월령이 양인(陽刃)이니 오화관성(午火官星)을 취용하여 양인(陽刃)을 극제하는데, 계수상관(癸水傷官)이 투출하였으니 파격(破格)이나,

기쁘게도 시상(時上)의 戊土가 癸水를 합거(合去)하여 관인격(官刃格)이 의연하게 성격(成格)하였으니, 윗 구절인 양인용관(陽刃用官)과 서로 같다.

寅午가 회국(會局)하여 재생관왕(財生官旺)하니 인수운(印綬運)과 비겁운(比刦運)을 기뻐하고,

식상운(食傷運)은 꺼리는데 子水는 午火를 충(沖)하니 결단코 좋은 운이 아니다.

이 명조는 부건파처격(夫健怕妻格)에 酉中辛金이 용신이니, 토금수운(土金水運)이 길하고 목화운(木火運)은 불리하다.

子運은 기신(忌神)인 午火를 충하는데, 어찌 좋지 않을 것인가?

甲 戊 庚 甲
寅 申 午 寅

丁丙乙甲癸壬辛
丑子亥戌酉申未

　이것은 본편(本篇)의 가(賈) 평장(平章)의 명조이다.
　丁火와 己土가 午에 함께 득록(得祿)하였는데, 寅午가 회국(會局)하였으니 양인(陽刃)이 인수(印綬)로 변하였다.
　년시(年時)가 甲寅이니 칠살(七殺)이 태왕(太旺)한데, 기쁘게도 申이 寅을 충(沖)하고 庚金이 甲木을 극제하여 그 태과(太過)를 제거하였고,
　더욱 기쁜 것은 申中壬水가 윤택(潤澤)하여 火로 하여금 뜨겁지 않게 하고 土가 건조하지 않게 한다.
　비록 월령이 양인(陽刃)이니 살인격(殺刃格)에 귀속하였다고 할지라도, 조금은 꺼리게도 억지스럽다.
　운은 壬申 癸酉로 행하는 것이 가장 좋다.
　이 명조는 살중용인격(殺重用印格)에 午中丁火가 용신이다.
　서락오(徐樂吾)선생은 이 명조를 식신제살격(食神制殺格)에 庚金이 용신인 것으로 보고 있는데,
　申金이 寅木에 충(沖)당하고 午火에 극(剋)당하였으며 庚金은 살지(殺地)에 앉아 있으니 식신제살(食神制殺)로 취용하기 어렵다.

陽刃而官殺並出, 不論去官去殺, 運喜制伏, 身旺亦利, 財地官鄕, 反爲不吉也.

양인격(陽刃格)에 관살(官殺)이 병출(並出)하였으면 거관(去官)이나 거살(去殺)을 논하지 않고 제복운(制伏運)을 기뻐하는데, 신왕운(身旺運)도 또한 이롭다.
재운(財運)과 관운(官運)은 도리어 불길하다.

서락오평주(徐樂吾評註)
양인격(陽刃格)에 관살(官殺)이 병출(並出)하였는데 거관(去官)하거나 거살(去殺)하는 것은 편관격(偏官格)의 합관(合官)이나 합살(合殺)과 서로 같다.
소위 '취청지물(取淸之物)을 제거하여서는 아니 된다'는 것이 이것이다.
나머지는 용관절(用官節)이나 용살절(用殺節)과 같다.

```
壬 庚 丁 丙
午 申 酉 戌
甲癸壬辛庚己戊
辰卯寅丑子亥戌
```

이것은 丁火와 壬水가 합하니 합관유살(合官留殺)인데, 합관(合官)하여 칠살(七殺)이 청순(淸純)하니 더욱 아름답다.

칠살(七殺)이 많으니 운은 제살지향(制殺之鄕)이 마땅한데, 신왕운(身旺運)도 또한 좋다.

다만 인수운(印綬運)인 戊己에는 길하지 않는데, 壬水를 극제하여 그 취청지물(取淸之物)을 제거하는 까닭이다.

만약 壬水가 투출하지 않아서 용관살(用官殺)하였으면 인수운(印綬運)이 좋았을 것인데, 이것이 그 다른 점이다.

이 명조는 신왕(身旺)하니 살인상정격(殺刃相停格)에 丙火가 용신이다. 이에 목화운(木火運)이 길하고 금수운(金水運)은 마땅하지 않다.

천간의 토운(土運)과 술미운(戌未運)은 길하나, 진축운(辰丑運)은 길하지 않다.

陽刃用財, 必須有食傷通關, 用食傷則喜行財地, 其取運與建祿同, 不贅.

양인격(陽刃格)이 용재(用財)하면 반드시 식상(食傷)이 통관하여야 하고, 용식상(用食傷)하면 재지(財地)로 행하는 것을 기뻐한다.

그 취운(取運)은 건록격(建祿格)과 같으니 덧붙이지 않는다.

제45장
건록월겁격(建祿月劫格)을 논함

建祿者, 月建逢祿堂也, 祿卽是刧, 或以祿堂透出卽可
依以爲用者非也, 故建祿與月刧, 可同一格, 不必另分,
皆以透干會支, 別取財官殺食爲用.

건록(建祿)이라는 것은 월령(月令)이 녹당(祿堂)이라는 것인데,
녹(祿)은 즉 비겁(比刧)이다.

혹자(或者)는 녹당(祿堂)이 투출하면 그것이 용신(격국)이 될
수 있다고 하는데, 그렇지 않다.
 고로 건록격(建祿格)과 월겁격(月刧格)은 가히 동일한 격이니
달리 나눌 필요가 없고,
 모두 투간(透干)하고 회지(會支)한 것으로 달리 재관살식(財官
殺食)을 취용한다.

서락오평주(徐樂吾評註)
 월령(月令)에서 녹(祿)을 만났으면 건록(建祿)이고, 일지(日支)에
서 녹(祿)을 만났으면 전록(專祿)이며, 시지(時支)에서 녹(祿)을 만
났으면 귀록(歸祿)이다.

 월겁(月刧)이라는 것은 월령(月令)에서 겁재(刧財)를 만났다는 것
인데, 양간(陽干)에 있어서는 양인(陽刃)이고 음간(陰干)에 있어서는
겁재(刧財)이다.

건록(建祿)과 월겁(月刦)은 모두 취용하는 법이 없으니, 달리 재관살식(財官殺食)을 취하여 용신(격국)으로 삼는다.

재관살식(財官殺食)과 간법(看法)이 다르지 않으니, 고로 용신을 분류하는 것은 별도로 세울 필요가 없다.

建祿用官干頭透出爲奇, 又要財印相隨, 不可孤官無輔,
有用官而印護者, 如庚戌戊子癸酉癸亥, 金丞相命是也,
有用官而財助者, 如丁酉丙午丁巳壬寅, 李知府命是也.

건록격(建祿格)이 용관(用官)하면 간두에 투출하여야 아름답고, 또한 응당 재인(財印)이 서로 따라야 하며, 고관무보(孤官無輔)여서는 아니 된다.

①용관(用官)하는데 인수(印綬)가 호위하는 경우가 있다.
가령 庚戌·戊子·癸酉·癸亥라는 김(金) 승상(丞相)의 명조가 이것이다.

②용관(用官)하는데 재(財)가 돕는 경우가 있다.
가령 丁酉·丙午·丁巳·壬寅이라는 이(李) 지부(知府)의 명조가 이것이다.

```
癸 癸 戊 庚        壬 丁 丙 丁
亥 酉 子 戌        寅 巳 午 酉
乙甲癸壬辛庚己     己庚辛壬癸甲乙
未午巳辰卯寅丑     亥子丑寅卯辰巳
```
왼쪽 명조는 戊戌土가 탐생망극(貪生忘剋)하여 일주를 극하지 않으니 종기금수격(從氣金水格)이고,
오른쪽 명조는 군겁쟁재격(群刦爭財格)에 酉中辛金이 용신이다.

서락오평주(徐樂吾評註)

'재인(財印)이 서로 따른다'는 것은 재인(財印)을 병용(並用)한다는 것이 아니다.

①'용관(用官)하는데 인수(印綬)가 호위한다'는 것은 인수(印綬)로 상관(傷官)을 극제한다는 것이다.

가령 김(金) 승상(丞相)의 명조는 무토관성(戊土官星)이 戌에 통근하였는데,

기쁘게도 戊癸가 합이불화(合而不化)하고, 酉金이 관성(官星)을 호위한다.

②'용관(用官)하는데 재(財)가 돕는다'는 것은 재(財)로 관성(官星)을 생한다는 것이다.

가령 이(李) 지부(知府)의 명조는 년지(年支)의 酉金이 너무 멀리 떨어져 있으나, 巳가 酉를 합하고 끌어당겨서 관성(官星)을 생조(生助)하는데,

丁火와 壬水가 또한 기쁘게도 합이불화(合而不化)하니 격국이 청(淸)하다.

有用官而兼帶財印者, 所謂身强値三奇, 尤爲貴氣, 三
奇者, 財官印也, 只要以官隔之, 使財印兩不相傷, 其格
便大, 如庚午戊子癸卯丁巳, 王少師命是也.

용관(用官)하는데 재인(財印)이 모두 있는 경우가 있다.

소위 '신강(身强)이 삼기(三奇)를 가지고 있으면 더욱 귀기(貴氣)이다'는 것인데, 삼기(三奇)라는 것은 재관인(財官印)이다.

정관(正官)이 가로막아서 재인(財印)이 서로 장애가 되지 않게만 하면 곧 대격(大格)인데,
가령 庚午·戊子·癸卯·丁巳라는 왕(王) 소사(少師)*의 명조가 이것이다.

*소사(少師): 삼공(三公)의 하나인 태사(太師)의 부관.

丁 癸 戊 庚
巳 卯 子 午
乙甲癸壬辛庚己
未午巳辰卯寅丑

이 명조는 巳午가 모이고 丁火가 투출하였으니 화기격(化氣格)이 성격(成格)하였는데, 가화격(假化格)에 화신부족(化神不足)이다.

서락오평주(徐樂吾評註)
삼기(三奇)에 관한 학설은 각가(各家)가 서로 같지 않은데,
재관인(財官印)이 삼기(三奇)라는 것도 또한 명가(命家)의 한 학설이다.
천간에 투출하였으면 반드시 지지에 암장하여서 천부지재(天覆地

載)*하여야 비로소 전미(全美)하다.
*천부지재(天覆地載): 천간이 덮어주고 지지가 실어줌.

가령 이 명조는 丁火가 午에 통근하고 庚金과 戊土는 巳에 통근하였는데, 지지에 암장하고 천간에 투출하여야 비로소 유근(有根)이다.

재인(財印)이 서로 떨어져 있어서 각각 그 쓰임을 얻었고, 서로 장애가 되지 않으니 마땅히 귀격(貴格)이다.

祿刼用財, 須帶食傷, 蓋月令爲刼而以財作用, 二者相
刼, 必以食傷化之, 始可轉刼生財, 如甲子丙子癸丑壬辰,
張都統命是也.

건록월겁격(建祿月劫格)이 용재(用財)하면 반드시 식상(食傷)
을 대동하여야 한다.

월령이 겁재(刼財)인데 재(財)가 용신이면 두 가지가 서로 극
하니,
반드시 식상(食傷)으로 인화하여야 비로소 비겁(比刼)을 옮겨
생재(生財)할 수 있기 때문이다.

가령 甲子·丙子·癸丑·丙辰이라는 장(張) 도통(都統)*의 명
조가 이것이다.

*도통(都統): 도통제(都統制), 비상설직으로 정벌군의 우두머리.

丙 癸 丙 甲
辰 丑 子 子
癸壬辛庚己戊丁
未午巳辰卯寅丑

이 명조는 辰丑土가 제수(制水)하지 못하고, 子月에 동목(凍木)이
설기(洩氣)하지 못하니 이에 윤하격(潤下格)이다.

서락오평주(徐樂吾評註)

월령이 녹겁(祿刼)인데 용재(用財)하는 경우에는 반드시 식상(食
傷)이 추뉴(樞紐)인데, 양인격(陽刃格)과 서로 같다.

장(張) 도통(都統)의 명조는 木이 지지에 통근하지 않았으나, 기쁘게도 수목토(水木土)가 서로 간에 호위하여 甲木의 뿌리를 배식(培植)할 수 있다.

戊寅 己卯運으로 행할 때가 가장 좋다.

至於化刼爲財, 與化刼爲生, 尤爲秀氣, 如己未己巳丁未辛丑, 丑與巳會, 卽以刼財之火爲金局之財, 安得不爲大貴, 所謂化刼爲財也, 如高尙書命, 庚子甲申庚子甲申, 卽以刼財之金, 化爲生財之水, 所謂化刼爲生也.

월겁(月刼)이 재(財)로 변한 것은 월겁(月刼)이 식상(食傷)으로 변한 것보다 더욱 수기(秀氣)이다.

①가령 己未·己巳·丁未·辛丑이라는 명조는 丑과 巳가 회국(會局)하여 火라는 겁재(刼財)가 금국(金局)이라는 재(財)로 변하였는데, 어찌 대귀(大貴)하지 않을 것인가?
소위 '월겁(月刼)이 재(財)로 변하였다'는 것이다.

②가령 고(高) 상서(尙書)의 명조는 庚子·甲申·庚子·甲申인데,
겁재(刼財)인 金이 생재(生財)하는 水로 변하였으니 소위 '월겁(月刼)이 식상(食傷)으로 변하였다'는 것이다.

辛 丁 己 己　　　　甲 庚 甲 庚
丑 未 巳 未　　　　申 子 申 子
壬癸甲乙丙丁戊　　辛庚己戊丁丙乙
戌亥子丑寅卯辰　　卯寅丑子亥戌酉

왼쪽 명조는 진상관용겁격(眞傷官用刼格)에 巳中丙火가 용신이고, 오른쪽 명조는 상관생재격(傷官生財格)에 甲木이 용신이다.

서락오평주(徐樂吾評註)

①己未명조는 사주에 土가 다섯 개나 있으니 본디 설기(洩氣)의 태중(太重)을 꺼리는데,

巳丑이 辛金을 공합(拱合)하여 건록(建祿)이 재(財)로 변하였으니 일원이 더욱 약하다.

이에 운이 인겁지지(印刧之地)인 丙寅 丁卯로 행할 때에 귀하였다.

②고(高) 상서(尙書)의 명조는 월시(月時)가 녹(祿)이고 년(年)에 비견(比肩)이 투출하였으니 일원이 약하지 않은데,

子申이 합하여 겁재(刧財)가 식상(食傷)으로 변하였으니 수목화운(水木火運)이 모두 좋다.

두 명조는 모두 청순(淸純)이 극에 이르렀으니 마땅히 귀격(貴格)이다.

祿刦用殺, 必須制伏, 如婁參政命, 丁巳壬子癸卯己未,
壬合丁財以去其黨殺, 卯未會局以制伏是也.

건록월겁격(建祿月劫格)이 용살(用殺)하면 반드시 제복(制伏)
하여야 한다.

가령 루(婁) 참정(參政)의 명조는 丁巳 · 壬子 · 癸卯 · 己未인
데,
壬水가 정화재성(丁火財星)을 합하여 칠살(七殺)을 돕지 못하
게 하고, 卯未가 회국(會局)하여 제복(制伏)하는 것이 이것이다.

己 癸 壬 丁
未 卯 子 巳
乙丙丁戊己庚辛
巳午未申酉戌亥
이 명조는 부건파처격(夫健怕妻格)에 壬水가 용신이다.

서락오평주(徐樂吾評註)
건록월겁격(建祿月劫格)이 용살(用殺)하는 것은 보통의 용살(用
殺)과 서로 같은데,
신왕살강(身旺殺强)하면 제살(制殺)하는 식신(食神)이 용신이다.

丁壬이 합하여 간두가 청(淸)하여졌고, 더욱 오묘한 것은 巳중에
丙火가 암장하여 재(財)가 당살(黨殺)하지 않으면서 조후하는 작용
만 있다.
水가 따뜻하고, 木이 자생(滋生)을 얻었으며, 土도 또한 얼지 않
았는데, 길신(吉神)이 암장(暗藏)하였기 때문이다.

至用殺而又帶財, 本爲不美, 然能去殺存財, 又成貴格, 戊辰癸亥壬午丙午, 合殺存財, 袁內閣命是也.

용살(用殺)하는데 다시 재(財)가 있으면 본디는 아름답지 않은데, 그러나 칠살(七殺)은 제거되고 재(財)만 보존되었으면 또한 귀격(貴格)을 이룬다.

戊辰 · 癸亥 · 壬午 · 丙午라는 원(袁) 내각(內閣)의 명조가 이것인데, 칠살(七殺)은 합거(合去)되고 재(財)만 보존되어 있다.

丙 壬 癸 戊
午 午 亥 辰
庚己戊丁丙乙甲
午巳辰卯寅丑子

이 명조는 부건파처격(夫健怕妻格)에 癸水가 용신이다.

서락오평주(徐樂吾評註)
합재(合財)와 합살(合殺)은 똑같이 격국을 취청(取淸)하는 작용이다.

'월겁격(月刦格)이 용재(用財)하는 경우에는 반드시 식상(食傷)의 인화(引化)가 있어야 한다'는 것은 앞의 구절에 이미 나타나 있다.

원(袁) 내각(內閣)의 명조는 午중에 재관(財官)이 똑같이 득록(得祿)하였으니 합살유관(合殺留官)과 비슷하다.
재생관(財生官)으로 취용하여야 하니 전적으로 재(財)가 용신인 것은 아니고, 또한 전적으로 합살(合殺)하여 귀하게 된 것도 아니다.

其祿刦之格, 無財官而用食傷, 洩其太過, 亦爲秀氣, 唯春木秋金, 用之則貴, 蓋木逢火則明, 金生水則靈, 如張狀元命, 甲子丙寅甲子丙寅, 木火通明也, 又癸卯庚申庚子庚辰, 金水相涵也.

건록월겁격(建祿月劫格)에 재관(財官)이 없으면 용식상(用食傷)하여 그 태과(太過)를 덜어내는데, 역시 수기(秀氣)이다.

오직 춘목(春木)과 추금(秋金)이 용식상(用食傷)하면 귀하게 되는데,
목(木)이 화(火)를 만나면 목화통명(木火通明)이고, 금(金)이 수(水)를 생하면 영묘(靈妙)하기 때문이다.

가령 장(張) 장원(狀元)의 명조는 甲子·丙寅·甲子·丙寅인데, 목화통명(木火通明)이다.
또한 癸卯·庚申·庚子·庚辰은 금수상함(金水相涵)이다.

```
丙 甲 丙 甲        庚 庚 庚 癸
寅 子 寅 子        辰 子 申 卯
癸壬辛庚己戊丁    癸甲乙丙丁戊己
酉申未午巳辰卯    丑寅卯辰巳午未
```
왼쪽 명조는 가상관격(假傷官格)에 丙火가 용신이고, 오른쪽 명조는 상관생재격(傷官生財格)에 卯中乙木이 용신이다.

서락오평주(徐樂吾評註)
장(張) 장원(狀元)의 명조는 양간부잡(兩干不雜)인데, 목화통명(木

火通明)이니 식신격(食神格)이다.
　더욱 기쁜 것은 패인(佩印)하여 중화(中和)를 이룬 것인데, 운은 재지(財地)가 마땅하다.

　癸卯명조는 庚日에 申子辰이 전부 있으니 금수상관(金水傷官)중의 정란차격(井欄叉格)이다.
　년지(年支)의 卯木이 水의 왕기(旺氣)를 덜어내니 운은 동방(東方)의 재지(財地)를 좋아하는데,
　소위 '庚日이 윤하(潤下)를 전부 만나면 壬癸巳午運을 좋아한다'는 것이 이것이다.

　상관격(傷官格)중에 금수상함(金水相涵)과 목화통명(木火通明)과 수목청화(水木靑華)가 가장 빼어나고 귀하다.
　만약 화토상관(火土傷官)이나 토금상관(土金傷官)이면 편조(偏燥)를 벗어나지 못하니,
　재차 반드시 중화(中和)를 이루어야 비로소 완미(完美)하게 된다.

更有祿刦而官殺競出, 必取淸方爲貴格, 如一平章命,
辛丑庚寅甲辰乙亥, 合殺留官也, 如辛亥庚寅甲申丙寅,
制殺留官也.

건록월겁격(建祿月劫格)에 관살(官殺)이 경출(競出)한 경우가
또한 있는데,
반드시 취청(取淸)하여야 비로소 귀격(貴格)이다.

가령 한 평장(平章)*의 명조는 辛丑 · 庚寅 · 甲辰 · 乙亥인데 합
살유관(合殺留官)이고,
가령 辛亥 · 庚申 · 甲申 · 丙寅은 제살유관(制殺留官)이다.

*평장(平章): 평장사(平章事), 재상의 직무를 대행하였던 정 2품 벼슬.

乙	甲	庚	辛		丙	甲	庚	辛
亥	辰	寅	丑		寅	申	寅	亥
癸甲乙丙丁戊己					癸甲乙丙丁戊己			
未申酉戌亥子丑					未申酉戌亥子丑			

왼쪽 명조는 년상관성격(年上官星格)에 辛金이 용신이고,
 **오른쪽 명조는 庚辛은 절지(絶地)에 앉았고 申金은 양충(兩沖)으
로 무력하니 가상관격(假傷官格)에 丙火가 용신이다.**

서락오평주(徐樂吾評註)
  관살(官殺)이 경출(競出)하였으면 취청(取淸)하여야 귀격(貴格)인
데, 합(合)과 제(制)는 모두 취청지법(取淸之法)이다.

  辛丑명조는 乙庚이 서로 합하되 庚金이 아직 합거(合去)된 것은
아니고, 辛亥명조는 庚金이 申에 통근하였으니 극(剋)당하나 깨끗하

지는 않다.

관살(官殺)이 함께 나타난 것은 칠살(七殺)로 보되,
하나는 화살(化殺)하는 인수(印綬)가 용신이고, 하나는 제살(制殺)하는 식신(食神)이 용신이다.

가령 甲辰·己巳·戊辰·乙卯는 합살유관(合殺留官)이다. 또한 丙辰·辛卯·乙亥·庚辰도 또한 합살유관(合殺留官)이다.
합(合)과 제(制)는 거관(去官)하거나 거살(去殺)하고자 하는 것인데, 합(合)하나 합거(合去)되지 않았으면 여전히 청(淸)하지 않다.

또한 관살(官殺)이 혼잡(混雜)한데,
사주의 배치(配置)가 마땅하면 설령 합(合)이나 제(制)가 없다고 할지라도 역시 부귀할 수 있다.
가령 丙辰·丁酉·庚午·戊寅은 병화칠살(丙火七殺)이 寅에서 장생하고 정화관성(丁火官星)이 午에 득록(得祿)하였는데, 병투(並透)하고 통근(通根)하였으니 진실로 관살혼잡(官殺混雜)이다.
관살(官殺)을 인화하는 인수(印綬)가 용신인데, 한 군수(郡守)의 명조이다.

乙	戊	己	甲	庚	乙	辛	丙	戊	庚	丁	丙
卯	辰	巳	辰	辰	亥	卯	辰	寅	午	酉	辰

丙乙甲癸壬辛庚	戊丁丙乙甲癸壬	甲癸壬辛庚己戊
子亥戌酉申未午	戌酉申未午巳辰	辰卯寅丑子亥戌

첫 번째 명조는 시상관성격(時上官星格)에 乙木이 용신이고, 두 번째 명조도 시상관성격(時上官星格)에 庚金이 용신이며, 세 번째 명조는 관인상생격(官印相生格)에 戊土가 용신이다.

倘或兩官競出, 亦須制伏, 所謂爭正官不可無傷也.

만약 양관(兩官)이 경출(競出)하였으면 또한 반드시 제복(制伏)하여야 하는데,
소위 '정관(正官)과 다툴 때에는 상관(傷官)이 없어서는 아니된다'는 것이다.

서락오평주(徐樂吾評註)
정관(正官)이 많으면 곧 칠살(七殺)로 논하고, 칠살(七殺)이 적으면 곧 관성(官星)으로 본다.

가령 한 명조는 庚寅 · 壬午 · 丁卯 · 壬寅인데,
양관(兩官)이 경출(競出)하였으나 무근(無根)이니 재관왕운(財官旺運)을 만나서 수만의 재물을 일으켰다.
비록 귀하지는 않았다고 할지라도 부유하였으니, 반드시 제복(制伏)하여야 하는 것은 아니라는 것을 알 수 있다.

壬 丁 壬 庚
寅 卯 午 寅
己戊丁丙乙甲癸
丑子亥戌酉申未

이 명조는 庚金과 壬水가 무근(無根)이니 종기목화격(從氣木火格)이다. 아마 辛丑時가 아닌가 싶다.

若夫用官而孤官無輔, 格局便小, 難於取貴, 若透食傷, 便爲貴格, 然亦有官傷並透而貴者, 何也? 如己酉乙亥壬戌庚子, 庚合乙而去傷存官, 王總兵命也.

만약 용관(用官)하는데 고관무보(孤官無輔)이면 격국이 작으니 귀(貴)를 취하기 어려운데,
만약 식상(食傷)이 투출하였으면 곧 파격(破格)이다.

그러나 정관(正官)과 상관(傷官)이 병투(並透)하였는데도 귀한 경우가 또한 있는데, 어찌된 까닭인가?
가령 己酉·乙亥·壬戌·庚子는 庚金이 乙木을 합하니 상관(傷官)은 제거되고 정관(正官)만 남았는데, 왕(王) 총병(總兵)*의 명조이다.

*총병(總兵): 출정군에 둔 관직인데, 진(鎭)의 군대를 관할하였다.

庚 壬 乙 己
子 戌 亥 酉
戊己庚辛壬癸甲
辰巳午未申酉戌

이 명조는 己土와 戌土가 탐생망극(貪生忘剋)하니, 이에 가상관격(假傷官格)에 乙木이 용신이다.

서락오평주(徐樂吾評註)
왕(王) 총병(總兵)의 명조는 乙庚이 서로 합하여 상관(傷官)이 인수(印綬)로 변하였으니 격국이 청(淸)하여졌다.
己土는 비습(卑濕)하여 水를 막기 부족한데, 기쁘게도 戌에 통근하여 火土가 후중(厚重)하니 족히 제방(隄防)한다.
운이 관인지지(官印之地)로 행할 때에 족히 귀하였다.

- 276 -

用財而不透食傷, 便難於發端, 然干頭透一位而不雜, 地支根多, 亦可取富, 但不貴耳.

용재(用財)하는데 식상(食傷)이 투출하지 않았으면 발달이 어렵다.

그러나 간두에 하나가 투출하여 잡스럽지 않고 지지에 뿌리가 많으면 또한 부(富)를 취할 수 있는데, 다만 귀(貴)하지는 못한다.

서락오평주(徐樂吾評註)

건록월겁격(建祿月劫格)이 용재(用財)하는 것은 양인격(陽刃格)이 용재(用財)하는 것과 서로 같으니, 반드시 식상(食傷)이 추뉴(樞紐)이다.

다만 격국이 청(淸)하고 운이 도우면 또한 부귀하는 경우가 있는데, 가령 丁丑·辛亥·癸亥·癸亥이다.
월겁격(月刧格)이 용재(用財)하나 亥중의 습목(濕木)이 인화(引化)할 수 없는데, 기쁘게도 운이 남방(南方)으로 행하니 또한 부귀할 수 있었다.
이것은 전청(前淸)의 모(某) 관찰(觀察)의 명조인데, 과갑출신(科甲出身)이다.

癸 癸 辛 丁
亥 亥 亥 丑
甲乙丙丁戊己庚
辰巳午未申酉戌

이 명조는 가상관격(假傷官格)에 亥中甲木이 용신이다.

用官殺重而無制伏, 運行制伏, 亦可發財, 但不可官殺太重, 致令身危也.

관살(官殺)이 많으나 제복(制伏)이 없는데, 운이 제복운(制伏運)으로 행하여도 또한 재물을 일으킬 수 있다.
다만 관살(官殺)이 태중(太重)하여서는 아니 되는데, 몸이 위태롭게 된다.

서락오평주(徐樂吾評註)
관살(官殺)이 많으나 식상(食傷)의 제복(制伏)이 없으면 반드시 인수(印綬)가 있어야 비로소 괜찮다.
그렇지 않으면 살중신경(殺重身輕)인데,
다시 식상운(食傷運)으로 행하여 극설(剋洩)이 교가(交加)하면 반드시 몸이 위급하다.

가령 한 명조는 戊寅 · 丙辰 · 己卯 · 丙寅인데,
지지에 동방(東方)이 전부 있으니 관살(官殺)이 왕(旺)하나, 기쁘게도 월시(月時)에서 丙火가 방신(幇身)한다.
조년(早年)에는 비겁운(比刦運)이니 곤고(困苦)를 감당할 수 없었으나, 중년의 庚申 辛酉에는 제복(制伏)하는 식상지지(食傷之地)이니 수십만의 재물을 일으켰다.
만년(晚年)에는 재지(財地)로 행하여 인수(印綬)를 극하고 칠살(七殺)을 도우니 다시 일패도지(一敗塗地)하였다.
이것은 나의 고향의 한 부옹(富翁)의 명조이다.

丙 己 丙 戊
寅 卯 辰 寅
癸壬辛庚己戊丁
亥戌酉申未午巳

이 명조는 살인상생격(殺印相生格)에 丙火가 용신이다.

제46장
건록월겁격(建祿月劫格)의 취운(取運)을 논함

祿刦取運, 卽以祿刦所成之局, 分而配之, 祿刦用官, 印護者喜財, 怕官星之逢合, 畏七殺之相乘, 食傷不能爲害, 刦比未卽爲凶.

건록월겁격(建祿月劫格)의 취운(取運)은 즉 건록(建祿)과 월겁(月刦)으로 이루어진 격을 나누어서 배열한다.

건록월겁격(建祿月劫格)이 <u>용관(用官)</u>하는데 인수(印綬)가 호위하는 것은 재(財)를 기뻐하고, 관성(官星)의 합을 꺼리며, 칠살(七殺)의 혼잡을 두려워한다.[1]
식상운(食傷運)은 해가 될 수 없고, 비겁운(比刦運)이 곧 흉이 되는 것은 아니다.

[1) 신왕(身旺)한데 어찌 칠살(七殺)의 혼잡을 두려워할 것인가?]

서락오평주(徐樂吾評註)
월령이 녹겁(祿刦)이면 용신이 될 수 없고,
사주배합(四柱配合)에 따라 재관식상(財官食傷)을 취용하니 즉 재관식상(財官食傷)을 논한 것과 취운(取運)이 서로 같다.

'용관(用官)하는데 인수(印綬)가 호위한다'는 것은 '관성(官星)은 상관(傷官)을 꺼리는데 관인(官印)이 병투(並透)하여 인수(印綬)가

상관(傷官)을 극제하고 관성(官星)을 호위한다'는 것이다.

　건록월겁격(建祿月劫格)에 인수(印綬)가 투출하였으면 일원은 반드시 왕하니 고로 생관(生官)하는 재(財)를 기뻐하고,
　관성(官星)이 합거(合去)당하거나 혹 칠살(七殺)이 혼잡(混雜)하는 것은 꺼린다.
　원국(原局)에 인수(印綬)가 투출하였으니 고로 식상운(食傷運)은 해가 될 수 없고,
　비겁운(比劫運)은 비록 길운(吉運)은 아니라고 할지라도 원국(原局)에 관성(官星)이 투출하였으면 비겁운(比劫運)도 또한 반드시 해가 되는 것은 아니다.

가령 본편(本篇)의 김(金) 승상(丞相)의 명조는 용관(用官)하는데 인수(印綬)가 호위하니 재(財)를 기뻐한다.

癸　癸　戊　庚
亥　酉　子　戌
乙甲癸壬辛庚己
未午巳辰卯寅丑

월령이 건록(建祿)인데, 무토관성(戊土官星)이 戌에 통근하였으니 관성(官星)이 유근(有根)이다.
庚金이 보좌하는데,
그러나 신왕(身旺)하니 굳이 인수(印綬)로 생할 필요는 없고, 오직 운이 식상운(食傷運)으로 행할 때에 취하여 관성(官星)을 호위할 뿐이다.
庚寅 辛卯 壬辰運은 모두 평탄하고,
癸巳이후에는 운이 남방(南方)으로 바뀌어서 재생관왕(財生官旺)하니 뜻을 이룬 것은 마땅히 만년(晩年)이었을 것이다.
이 명조는 戊戌土가 탐생망극(貪生忘剋)하고, 亥중의 甲木은 子月에 설기(洩氣)하지 못하니, 이에 종기금수격(從氣金水格)이다.
금수목운(金水木運)이 좋고 화토운(火土運)은 불길하다.

財生喜印, 宜官星之植根, 畏食傷之相侮, 逢財愈見其功, 雜殺豈能無礙.

재(財)가 생관(生官)하여 인수(印綬)를 기뻐하면 관성(官星)이 뿌리를 내려야 마땅하고, 식상(食傷)이 업신여기는 것은 두려워한다.
재(財)를 만나면 더욱 공(功)이 나타나고,[1] 잡살(雜殺)은 어찌 장애가 없을 것인가?

1) 인수(印綬)를 기뻐하는 경우인데, 어찌 재(財)가 좋을 것인가?

서락오평주(徐樂吾評註)
'재(財)가 생관(生官)하여 인수(印綬)를 기뻐한다'는 것은 '원국(原局)에 재(財)가 있어서 생관(生官)하면 비록 용신은 재관(財官)에 있다고 할지라도 지지에 반드시 인수(印綬)가 있어야 관왕(官旺)을 두려워하지 않는다'는 것이다.

인수(印綬)가 만약 투출하고 재인(財印)이 서로 장애가 되지 않으면 즉 삼기격(三奇格)인데,
아래의 왕(王) 소사(少師)의 명조를 살펴보라.

인수(印綬)가 관성(官星)을 호위하여 재(財)를 기뻐하는 것과 재(財)가 생관(生官)하여 인수(印綬)를 기뻐하는 것은 모두 원국(原局)에 구비(具備)되어야 마땅한데, 소위 '재인(財印)이 도우면서 따른다'는 것이 이것이다.
원국(原局)이 재생관왕(財生官旺)인데, 운이 인수지지(印綬之地)에 이르면 역시 좋은 운이다.

'관성(官星)이 뿌리를 내린다'는 것은 '가령 임수관성(壬水官星)이 용신인데 운에서 壬水가 나타나면 중관(重官)이고 癸水가 나타나면 잡살(雜殺)이나, 亥子丑이 나타나면 뿌리를 내린다'는 것이다.

식신(食神)의 극제(剋制)를 두려워하고, 재(財)의 생(生)을 기뻐한다.

```
壬 丁 丙 丁
寅 巳 午 酉
戊己庚辛壬癸甲乙
戌亥子丑寅卯辰巳
```

이것은 본편(本篇)의 이(李) 지부(知府)의 명조이다.
기쁘게도 巳酉가 회합(會合)하여 재(財)를 이끌어 가까이하고 임수관성(壬水官星)을 생하는데,
더욱 기쁜 것은 시(時)에서 寅을 만났으니 재인(財印)이 도우면서 따른다.
壬寅은 관인지지(官印之地)이고, 辛丑 庚子는 재관지지(財官之地)이니 가장 아름답다.
己亥에는 아직 무방(無妨)하나, 戊戌은 행할 수 없는데 소위 '식상(食傷)이 업신여기는 것을 두려워한다'는 것이다.
이 명조는 군겁쟁재격(群刦爭財格)에 酉中辛金이 용신이니, 토금수운(土金水運)이 길하고 목화운(木火運)은 불리하다.
참고로 '재(財)가 생관(生官)하여 인수(印綬)를 기뻐한다'는 경우가 아니다.

```
丁 癸 戊 庚
巳 卯 子 午
乙甲癸壬辛庚己
未午巳辰卯寅丑
```

 이것은 본편(本篇)의 왕(王) 소사(少師)의 명조인데, 재관인(財官印)의 삼기격(三奇格)이다.

 기쁘게도 관인(官印)이 巳에 통근하였고, 재성(財星)이 午에 득록(得祿)하였는데, 지지에 있고 천간에 투출하였으니 천부지재(天覆地載)이다.

 만약 투출하기만 하고 지지에 있지 않았으면 역시 귀하기 부족하였을 것이다.

 더욱 기쁜 것은 인수(印綬)가 년(年)에 있고 재(財)가 시(時)에 있으니 서로 장애가 되지 않는다.

 戊癸가 서로 합하여 관성(官星)의 정(情)이 전적으로 일주로 향하니, 마땅히 그 귀(貴)가 소사(少師)였다.

 재관운(財官運)을 기뻐하고 인수운(印綬運)도 또한 아름다운데, 재(財)가 생관(生官)하여 인수(印綬)를 기뻐하는 경우와 서로 같다.

 이 명조는 가화격(假化格)에 화신부족(化神不足)이니, 목화토운(木火土運)이 길하고 금수운(金水運)은 불리하다.

祿刼用財而帶食傷, 財食重則喜印綬, 而不忌比肩, 財食輕則宜助財, 而不喜印比, 逢殺無傷, 遇官非福.

건록월겁격(建祿月劫格)이 용재(用財)하고 식상(食傷)을 대동하였는데,
재(財)와 식신(食神)이 많으면 인수운(印綬運)을 기뻐하고 비겁운(比刧運)을 꺼리지 않는다.

재(財)와 식신(食神)이 적으면 마땅히 재(財)를 도와야 하고, 인수운(印綬運)과 비겁운(比刧運)은 기뻐하지 않으며,
칠살운(七殺運)을 만나면 상함이 없으나, 정관운(正官運)을 만나면 복이 되지 않는다.[1]

[1] 재(財)가 용신인데 정관운(正官運)이 어찌 좋지 않을 것인가?

서락오평주(徐樂吾評註)
건록월겁격(建祿月劫格)은 양인격(陽刃格)과 서로 같은데,
단독으로 용재(用財)하는 것은 꺼리는 바이니, 식상(食傷)을 대동하지 않으면 용재(用財)할 수 없다.

또한 신강(身强)과 신약(身弱)으로 나누어야 하는데,
식상(食傷)이 많아서 설기(洩氣)가 태과(太過)하면 인수운(印綬運)이 마땅하고, 비겁운(比刧運)은 식상(食傷)의 인화가 있으니 꺼리지 않는다.
재(財)와 식상(食傷)이 적으면 식상운(食傷運)이 가장 기쁘고 재운(財運)도 또한 기쁘나,
인수운(印綬運)은 식상(食傷)을 극제하고 비겁운(比刧運)은 재(財)를 분탈하니 모두 마땅하지 않다.

관살운(官殺運)은 식상(食傷)의 회극(回剋)이 있으니 장애가 없으나, 다만 복(福)은 아니다.

가령 본편(本篇)의 장(張) 도통(都統)의 명조이다.

丙　癸　丙　甲
辰　丑　子　子
癸壬辛庚己戊丁
未午巳辰卯寅丑

甲木과 丙火가 모두 통근하지 않았고, 상관(傷官)이 지나치게 약하니 마땅히 식상운(食傷運)으로 행하여 재(財)를 도와야 한다.
戊寅 己卯運은 식상운(食傷運)이니 가장 좋고, 庚辰運은 길하지 않다. 이 명조는 아쉽게도 甲寅 乙卯 丙辰 丁巳등의 운이 돕지 않는다.
이 명조는 윤하격(潤下格)이니, 금수목운(金水木運)이 길하고 화토운(火土運)은 좋지 않다.

辛 丁 己 己
丑 未 巳 未
壬癸甲乙丙丁戊
戌亥子丑寅卯辰

 이 명조는 재(財)와 식신(食神)이 모두 통근하였고, 일원도 또한 약하지 않으니 장(張) 도통(都統)의 명조보다 많이 낫다.
 더욱 기쁜 것은 巳丑이 공합(拱合)하고 辛金이 투출하였으니, 월겁격(月刦格)이 재격(財格)으로 변하였다.
 인수운(印綬運)을 기뻐하고 비겁운(比刦運)을 꺼리지 않으니 겁인지지(劫印之地)인 丁卯 丙寅 20년이 가장 좋다.
 乙運과 甲運은 己土를 극거(剋去)하고, 子運과 癸運은 관살운(官殺運)이니 길하지 않다.
 이 명조는 진상관용겁격(眞傷官用刦格)에 巳中丙火가 용신이니, 목화운(木火運)이 길하고 토금수운(土金水運)은 불리하다.

甲 庚 甲 庚
申 子 申 子

辛庚己戊丁丙乙
卯寅丑子亥戌酉

　이것은 본편(本篇)의 고(高) 상서(尙書)의 명조인데, 子申이 회국(會局)하여 건록(建祿)이 상관(傷官)으로 변하였다.
　기쁘게도 7월에 생하여 기후가 아직 차갑지 않으니,
　이에 금수상관(金水傷官)에 관성(官星)이 나타나지 않았다고 할지라도 그 귀(貴)를 손상하지 않는다.
　더욱이 원국(原局)에 火가 없어서 기(氣)가 金水에 치우쳤으니, 금수목운(金水木運)이 마땅하다.
　다시 화운(火運)인 관살운(官殺運)으로 행하면 도리어 마땅하지 않고, 토운(土運)은 甲木의 회극(回剋)이 있으니 장애가 없다.
　소위 '그 기세(氣勢)에 순응하여 취운(取運)한다'는 것이다.
　이 명조는 상관생재격(傷官生財格)에 甲木이 용신이니, 수목화운(水木火運)이 길하고 토금운(土金運)은 불리하다.
　참고로 서락오(徐樂吾)선생은 앞에서는 '子申이 합하여 겁재(刧財)가 식상(食傷)으로 변하였으니 수목화운(水木火運)이 모두 좋다'라고 이야기하고, 여기서는 화운(火運)이 마땅하지 않다고 이야기하고 있다.

祿刼用殺以食制, 食重殺輕, 則運宜助殺, 食輕殺重, 則運喜助食.

건록월겁격(建祿月劫格)이 용살식제(用殺食制)하는 경우가 있는데,
식신(食神)은 많고 칠살(七殺)이 적으면 칠살(七殺)을 돕는 운을 기뻐하고,
식신(食神)은 적고 칠살(七殺)이 많으면 식신(食神)을 돕는 운을 기뻐한다.

서락오평주(徐樂吾評註)
건록월겁격(建祿月劫格)이 용살식제(用殺食制)하는 것은 식신제살(食神制殺)과 다르지 않다.
편관편(偏官篇)을 참조하여 살펴보라.

若用殺而帶財, 命中合殺存財, 則食傷爲宜, 財運不忌, 透官無慮, 身旺亦亨, 若命中合財存殺, 而用食制, 殺輕則助殺, 食輕則助食而已.

가령 용살(用殺)하는데 재(財)를 대동한 경우가 있다.

①명조에서 칠살(七殺)은 합거(合去)되고 재(財)만 남았으면 식상운(食傷運)이 마땅하고, 재운(財運)도 꺼리지 않으며, 정관운(正官運)에도 근심이 없고, 신왕운(身旺運)에도 또한 형통한다.[1]

1)재(財)가 용신이면 어찌 신왕운(身旺運)이 마땅할 것인가?

②만약 명조에서 재(財)는 합거(合去)되고 칠살(七殺)만 남았으면 용식신(用食神)하여 제살(制殺)하여야 하는데,

칠살(七殺)이 적으면 칠살(七殺)을 돕고 식신(食神)이 적으면 식신(食神)을 도울 뿐이다.

서락오평주(徐樂吾評註)

건록월겁격(建祿月劫格)이 용살(用殺)하는데 재(財)가 있으면 재(財)가 칠살(七殺)을 도우니 꺼리는데,

합살(合殺)하거나 합재(合財)하였으면 모두 취청(取淸)하였으니 귀하게 된다.

칠살(七殺)은 합거(合去)되고 재(財)만 남았으면 재격(財格)으로 논하되, 반드시 식상(食傷)이 생하여야 한다.

재(財)는 합거(合去)되고 칠살(七殺)만 남았으면 칠살격(七殺格)으로 논하되, 반드시 식신(食神)이 제복(制伏)하여야 하니, 용살절(用殺節)과 같다.

己 癸 壬 丁
未 卯 子 巳
乙丙丁戊己庚辛
巳午未申酉戌亥

이 명조는 재(財)는 합거(合去)되고 칠살(七殺)만 남았는데, 본편(本篇)의 루(婁) 참정(參政)의 명조이다.

丁壬이 합하여 재(財)가 칠살(七殺)을 돕지 않고, 卯未가 합하여 시살(時殺)에 극제가 있는데, 모두 취청지처(取淸之處)이다.

酉申은 인수운(印綬運)이니 좋고, 丙丁은 재운(財運)이니 길하지 않다.

이 명조는 부건파처격(夫健怕妻格)에 壬水가 용신이니, 금수운(金水運)이 길하고 목화토운(木火土運)은 불리하다.

```
丙 壬 癸 戊
午 午 亥 辰
庚己戊丁丙乙甲
午巳辰卯寅丑子
```

 이것은 칠살(七殺)은 합거(合去)되고 재(財)만 남았는데, 본편(本篇)의 원(袁) 내각(內閣)의 명조이다.
 戊土와 癸水는 합살(合殺)하였으니 버리고 논하지 않는데,
기쁘게도 亥중에 甲木이 있어서 식신생재(食神生財)로 취용하니,
마땅히 신왕운(身旺運)과 식상운(食傷運)으로 행하여야 한다.
 丙寅 丁卯는 식상운(食傷運)이고 재운(財運)이니 좋고, 戊辰은 관살운(官殺運)이니 불리하다.
 이 명조는 부건파처격(夫健怕妻格)에 癸水가 용신이니, 금수운(金水運)이 길하고 목화토운(木火土運)은 불리하다.

祿刧而用食傷, 財運最宜, 殺亦不忌, 行印非吉, 透官不美, 若命中食傷太重, 則財運固利, 而印亦不忌矣.

건록월겁격(建祿月劫格)이 용식상(用食傷)하면 재운(財運)이 가장 마땅하고, 칠살운(七殺運)도 또한 꺼리지 않으나,
인수운(印綬運)으로 행하면 길하지 않고, 관성(官星)의 투출도 아름답지 않다.

만약 명조에서 식상(食傷)이 지나치게 많으면 재운(財運)은 본디 이롭고,[1] 인수운(印綬運)도 또한 꺼리지 않는다.

[1]명조에서 식상(食傷)이 지나치게 많으면 재운(財運)을 꺼린다. 종아격(從兒格)을 이룬 경우에만 재운(財運)을 기뻐할 뿐이다.

서락오평주(徐樂吾評註)

'건록월겁격(建祿月劫格)이 용식상(用食傷)한다'는 것은 즉 식신격(食神格)과 상관격(傷官格)이다.

'재운(財運)이 가장 마땅하다'는 것은 식상(食傷)은 재지(財地)로 행하는 것을 기뻐한다는 것이다.

'칠살운(七殺運)도 또한 꺼리지 않는다'는 것은 '금수상관(金水傷官)은 火가 나타나는 것을 기뻐하고 목화상관(木火傷官)은 水가 나타나는 것을 기뻐한다'는 것인데, 기후를 조화하는 까닭이다.

관인운(官印運)도 또한 아름답지 않은 것은 아닌데, 다만 반드시 사주의 배합(配合)을 살펴보아야 한다.

가령 본편(本篇)의 장(張) 장원(狀元)의 명조이다.

丙 甲 丙 甲
寅 子 寅 子
癸壬辛庚己戊丁
酉申未午巳辰卯

양신성상(兩神成象)인데,
甲木이 월건에 건록(建祿)이고 丙火도 또한 寅중에서 투출하였으니, 이것은 목화통명격(木火通明格)이다.
그러나 자수인수(子水印綬)가 없었으면 火가 건조하고 木이 시들었을 것인데, 子水는 취하여 조후(調候)하되 子水가 용신인 것은 아니다.
운이 남방(南方)으로 도니 마땅히 대괴천하(大魁天下,장원급제)하였다.
庚午運에는 칠살(七殺)이 통근하고 않았고 丙火가 회극(回剋)하니 해가 되기 부족하나, 辛運에는 丙火를 합하니 회체(晦滯)*를 면하지 못한다.
壬申運은 살인지지(殺印之地)이니 길하지 않다.

*회체(晦滯): 시들고 막힘.

이 명조는 가상관격(假傷官格)에 丙火가 용신이니, 목화토운(木火土運)이 길하고 금수운(金水運)은 불리하다.

```
庚 庚 庚 癸
辰 子 申 卯
癸甲乙丙丁戊己
丑寅卯辰巳午未
```

이것은 본편(本篇)의 한 장원(狀元)의 명조인데, 금수상함(金水相涵)이다.

庚日이 윤하(潤下)를 전부 만났으니 정란차격(井欄叉格)인데, 실은 申子辰이 삼합수국(三合水局)을 이루었으니 식신생재격(食神生財格)이다.

다만 원국(原局)에 火가 없고 기(氣)가 金水에 치우쳤으니, 화운(火運)인 관살운(官殺運)으로 행하면 반드시 좋지 않다. 고로 희기편(喜忌篇)에서 '丙丁巳午는 꺼린다'고 말하였다.

인수운(印綬運)과 비겁운(比刦運)과 식신운(食神運)과 재운(財運)이 모두 길한데, 그 대괴천하(大魁天下)는 반드시 辰運이후에 있었을 것이다.

이 명조는 상관생재격(傷官生財格)에 卯中乙木이 용신이니, 수목화운(水木火運)을 기뻐하고 토금운(土金運)은 꺼린다.

祿刦而官殺並出, 不論合殺留官, 存官制殺, 運喜食傷, 比肩亦宜, 印綬未爲良, 財官亦非福運.

건록월겁격(建祿月劫格)에 관살(官殺)이 병출(並出)하였으면 합살유관(合殺留官)과 제살존관(制殺存官)에 관계없이 식상운(食傷運)을 기뻐하고 비겁운(比刦運)도 또한 마땅하나,
인수운(印綬運)은 좋지 않고 재관운(財官運)도 또한 좋은 운이 아니다.

서락오평주(徐樂吾評註)
①합살유관(合殺留官)이라는 것은 '칠살(七殺)이 아직 합거(合去)되지 않았다'는 것이다.[1]
관살(官殺)이 혼잡(混雜)하고 그 기세가 왕성하니, 고로 반드시 제복(制伏)하여야 한다.
1)제살(制殺)하면 칠살(七殺)이 제거되나, 합살(合殺)하면 칠살(七殺)이 합(合)하더라도 완전히 제거되는 것은 아니라는 뜻이다.

②제살존관(制殺存官)이라는 것은 '관살(官殺)이 나란히 있는데 식상(食傷)으로 극제하였다'는 것이다.

아래의 두 명조를 살펴보면 저절로 밝혀진다.

乙 甲 庚 辛
亥 辰 寅 丑
癸甲乙丙丁戊己
未申酉戌亥子丑

  이것은 본편(本篇)의 한 평장(平章)의 명조인데, 합살유관(合殺留官)이다.
  다만 乙庚이 서로 합하나 칠살(七殺)이 아직 합거(合去)되지 않았고, 관살(官殺)이 첩출(疊出)하였으니 칠살격(七殺格)으로 논하는데, 기쁘게도 신왕(身旺)하니 칠살(七殺)에 대적한다.
  丁亥 丙戌은 제살운(制殺運)이고 신왕운(身旺運)이니 모두 좋은 운이다.
  일원이 이미 왕(旺)하니 굳이 인수(印綬)로 생할 필요는 없고, 관살(官殺)이 혼잡(混雜)한데 어찌 다시 도울 수 있을 것인가?[1]

[1] 일주가 이미 왕한데 관살혼잡(官殺混雜)이 어찌 해로울 것인가?

  이 명조는 년상관성격(年上官星格)에 辛金이 용신이니, 토금운(土金運)이 길하고 수목화운(水木火運)은 불리하다.

```
丙 甲 庚 辛
寅 申 寅 亥
癸甲乙丙丁戊己
未申酉戌亥子丑
```

 칠살(七殺)이 통근하였고, 관성(官星)이 살세(殺勢)를 도우니 식신(食神)으로 제살(制殺)하여야 한다.
 제살유관(制殺留官)이라고 말하는데, 어찌하여 합관유살(合官留殺)과 같은가?[1]
 총괄하건대, 신강(身强)하면 극제하는 것이 용신이다.
 丁亥 丙戌運은 신왕운(身旺運)이고 제살운(制殺運)이니 가장 좋고,
 인수운(印綬運)은 비록 좋다고 할지라도 식신(食神)을 제거하여 용신에게 해가 되어서는 아니 된다.

 1) 제살유관(制殺留官)이라고 말하는데, 丙火가 합관유살(合官留殺)의 작용을 하고 있다.
 이 명조는 가상관격(假傷官格)에 丙火가 용신이니, 목화운(木火運)이 길하고 토금수운(土金水運)은 불리하다.

```
庚 壬 乙 己
子 戌 亥 酉
戊己庚辛壬癸甲
辰巳午未申酉戌
```

이것은 본편(本篇)의 왕(王) 총병(總兵)의 명조이다.

乙庚이 서로 합하는데, 기쁘게도 인수(印綬)로 변하였으니 '상관(傷官)을 제거하여 관성(官星)을 보존한다'는 것에 명실공히 부합한다. 병(病)을 제거하여야 귀하게 된다는 것은 이것을 말하는 것이다.

운이 辛未 庚午에 이르렀을 때에 아름다웠을 것인데, 재관운(財官運)을 기뻐하고 거관(去官)은 꺼리는 까닭이다.

午未는 재운(財運)인데 지지가 천간의 庚金을 극하지는 않고 생관(生官)하는 이익만 있으며,

庚辛은 인수운(印綬運)인데 천간이 통근하지는 않았으나 일원을 생조(生助)하니 고로 아름답다.

이 명조는 가상관격(假傷官格)에 乙木이 용신이니, 수목화운(水木火運)이 길하고 토금운(土金運)은 불리하다.

제47장
잡격(雜格)을 논함

雜格者, 月令無用, 取外格而用之, 其格甚多, 故謂之雜, 大約要干頭無官無殺, 方成外格, 如有官殺, 則自有官殺爲用, 無勞外格矣, 若透財尙可取格, 然財根深, 或財透兩位則亦以財爲重, 不取外格也.

잡격(雜格)이라는 것은 월령에 용신(격국)이 없으니 외격(外格)으로 취용(取用)하는 것인데,
그 격이 매우 많으니 고로 이름하여 잡격(雜格)이다.

대체로 간두에 정관(正官)이 없고 칠살(七殺)이 없어야 비로소 외격(外格)이 성격(成格)한다.
만약 관살(官殺)이 있으면 자연히 관살(官殺)이 용신이니, 굳이 외격(外格)일 필요가 없다.

만약 재(財)가 투출하였으면 아직 외격(外格)을 취할 수 있는데,
그러나 재(財)의 뿌리가 깊거나 혹 두 개의 재(財)가 투출하였으면 역시 재(財)가 중요하니 외격(外格)을 취하지 않는다.

서락오평주(徐樂吾評註)
용신은 월령(月令)이 중요하다.
월령(月令)에 용신이 있어서 취할 수 있으면 가장 믿을 만하고

적절하니, 적천수(滴天髓)에서는 '영상심진최득진(令上尋眞最得眞)'*
이라고 말하였다.

월령(月令)중의 재관식인(財官食印)이 혹 용신이 될 수 없으면 년
일시(年日時)중에서 가용(可用)할 만한 것을 찾아서 취용한다.

각각의 격(格)이 이와 같지 않는 것이 없으니, 재관(財官)과 칠살
(七殺)에 한정하지 않는다.

*영상심진최득진(令上尋眞最得眞): 월령에서 진신(眞神)을 찾으면 가장 참되다.

용신을 취하는 것은 억부(抑扶)가 바른 법도인데,

만약 사주에 억부(抑扶)할 만한 것이 없으면 그 기세(氣勢)는 틀
림없이 편왕(偏旺)에 속한다.

가령 재관살인식상(財官殺印食傷)등의 종류가 승권득세(乘權得勢)
하였고 국중지신(局中之神)이 또한 그 왕세(旺勢)를 도우면 '이인동
심(二人同心)'이라 말하고,

혹 일주가 득시병령(得時秉令)하고 사주가 모두 공합지신(拱合之
神)이면 '권재일인(權在一人)'이라고 말한다.

단지 그 기세(氣勢)에 순응하여야 하니, 그 성정(性情)을 이끄는
것으로 취용(取用)한다. 만약 억지로 극제하면 도리어 격발(激發)하
여 재앙을 이룬다.

고래(古來)의 잡격(雜格)은 모두 이러한 종류이다.

설령 화기(化氣)로 논하는 것이라고 할지라도 또한 화신(化神)의
왕세(旺勢)에 순응하는 것이 용신이고 그 기세(氣勢)에 거스르는 것
은 꺼리니, 고로 전왕(專旺)과 같은 종류로 묶어서 귀속하였다.

試以諸格論之, 有取五行一方秀氣者, 取甲乙全亥卯未寅卯辰, 又生春月之類, 本是一派刧財, 以五行各得其全體, 所以成格, 喜印露而體純, 如癸亥乙卯乙未壬午, 吳相公命是也, 運亦喜印綬比刧之鄕, 財食亦吉, 官殺則忌矣.

제격(諸格)을 시험하여 논하면, 오행의 일방수기(一方秀氣)를 취하는 경우가 있다.

甲乙에 亥卯未나 寅卯辰이 전부 있고 다시 춘월(春月)에 생하였으면 본디는 한결같이 겁재(刧財)인데,
한 가지 오행이 각각 그 전체(全體)를 얻었으니 이에 성격(成格)한다.

기쁘게도 인수(印綬)가 투출하였으면 체(體)가 순수(純粹)한데, 가령 癸亥·乙卯·乙未·壬午라는 오(吳) 상공(相公,재상)의 명조가 이것이다.

인수운(印綬運)과 비겁운(比刧運)을 기뻐하고, 재운(財運)과 식신운(食神運)도 또한 길하나,[1] 관살운(官殺運)은 꺼린다.

[1]곡직격(曲直格)은 재운(財運)이 결코 좋지 않다. 일방수기(一方秀氣)가 전부 있으나 가상관격(假傷官格)인 경우에는 재운(財運)이 좋다.

壬 乙 乙 癸
午 未 卯 亥
戊己庚辛壬癸甲
申酉戌亥子丑寅

이 명조는 식신생재격(食神生財格)에 未中己土가 용신이다.

서락오평주(徐樂吾評註)

일방수기(一方秀氣)를 얻은 것은 곡직(曲直), 염상(炎上), 가색(稼穡), 종혁(從革), 윤하(潤下)인데, 이 다섯 종류의 격국은 일방(一方)의 전왕지기(專旺之氣)를 취한 것이다.

또한 방국(方局)이 완전하지 않는 경우가 있는데, 기세(氣勢)가 전일(專一)하기만 하면 그 왕세(旺勢)에 종한다.

가령 癸卯·乙卯·甲寅·乙亥와 丙午·甲午·丙午·甲午인데, 모두 귀격(貴格)이다.

그 수기(秀氣)를 덜어내는 식상운(食傷運)이 가장 좋고, 원국(原局)에 식상(食傷)이 있으면 재운(財運)도 또한 아름답다.

기세(氣勢)가 순수하고 강(强)하면 순응하여야 하고 거슬러서는 아니 되는데, 인수운(印綬運)과 비겁운(比刦運)은 그 왕신(旺神)을 따르는 것이니 본디 마땅하다.

다만 하나를 고집하여서는 아니 된다.

가령 원국(原局)에 식상(食傷)이 나타나서 설수(洩秀)하면 인수운(印綬運)을 꺼리고, 비겁(比刦)이 투출하였는데 식상(食傷)이 없으면 재운(財運)도 또한 꺼린다.

국(局)을 따라 배치하면 각각에 희기(喜忌)가 있다.

관살운(官殺運)은 그 왕세(旺勢)를 거스르니 격국에서 가장 꺼리는데, 만약 인수(印綬)의 생화(生化)가 없으면 재앙이 가볍지 않다.

```
乙 甲 乙 癸        甲 丙 甲 丙
亥 寅 卯 卯        午 午 午 午
戊己庚辛壬癸甲     辛庚己戊丁丙乙
申酉戌亥子丑寅     丑子亥戌酉申未
```

왼쪽 명조는 곡직격(曲直格)이고, 두 번째 명조는 염상격(炎上格)이다.

有從化取格者, 要化出之物, 得時乘令, 四支局全, 如丁壬化木, 地支全亥卯未寅卯辰, 而又生於春月, 方爲大貴, 否則, 亥未之月亦是木地, 次等之貴, 如甲戌丁卯壬寅甲辰, 一品貴格命也, 運喜所化之物, 與所化之印綬, 財傷亦可, 不利官殺.

종화(從化)로 취격(取格)하는 경우가 있는데,
응당 화출지물(化出之物)이 득시병령(得時秉令)하고 네 지지에 국(局)이 전부 있어야 한다.

가령 丁壬이 화목(化木)하고 亥卯未나 寅卯辰이 전부 있더라도 다시 춘월(春月)에 생하여야 비로소 대귀(大貴)한다.
그렇지 않으면, 亥未月은 또한 목지(木地)라고 할지라도 다음 등급의 귀(貴)를 취한다.
가령 甲戌・丁卯・壬寅・甲辰인데, 일품(一品)의 귀격(貴格)이다.

운은 화신(化神)과 화신의 인수운(印綬運)를 기뻐하고, 화신(化神)의 재운(財運)과 상관운(傷官運)은 또한 가능하나,[1] 화신(化神)의 관살운(官殺運)은 불리하다.

1) 화신(化神)의 재운(財運)은 좋지 않다.

```
甲 壬 丁 甲
辰 寅 卯 戌
甲癸壬辛庚己戊
戌酉申未午巳辰
```
이 명조는 가화격(假化格)에 화신유여(化神有餘)이다.

서락오평주(徐樂吾評註)

종화(從化)라는 것은 '종(從)하여 화(化)한다'는 것을 말하는 것이니, 기명종격(棄命從格)에서의 종격(從格)과는 같지 않다.

가령 갑기화토(甲己化土), 을경화금(乙庚化金), 병신화수(丙辛化水), 정임화목(丁壬化木), 무계화화(戊癸化火)라는 다섯 격국이 이것이다.

재차 반드시 辰을 만나야 하는데, 오행의 천간이 돌아서 辰을 만나면 화신(化神)이 투출하기 때문이다.

가령 갑기화토(甲己化土)인데 甲己에서 천간이 돌아 辰에 이르면 戊辰이고, 정임화목(丁壬化木)인데 丁壬에서 천간이 돌아 辰에 이르면 甲辰이다.

고로 '용(龍)을 만나면 화(化)한다'고 말하는데, 이러한 까닭이다.

화기(化氣)는 반드시 지지지기(地支之氣)를 얻어야 하는데, 더욱 중요한 것은 월시(月時)이다.

만약 월시(月時)에서 득기(得氣)하지 못하였으면 결단코 화(化)할 수 없다.

가령 정임화목(丁壬化木)은 반드시 寅月이나 卯月에 생하여야 하고, 갑기화토(甲己化土)는 반드시 辰戌丑未月에 생하여야 하는데,

소위 '화출지물(化出之物)이 득시병령(得時秉令)하여야 한다'는 것이 이것이다.

국(局)과 방(方)이 전부 있거나 전부 있지 않은 것은 크게 중요한 것은 아니고, 전부 있으면 기(氣)가 순수(純粹)할 뿐이다.

그밖에,
정임화목(丁壬化木)이 未月에 생하였으면 화(化)하기 매우 어려운

데, 未는 丁火의 여기(餘氣)이기 때문이다.

반대로 무계화화(戊癸化火)가 戌未月에 생하였으면 도리어 종화(從化)할 수 있는데, 戌未는 모두 火土이니 원래의 기질(氣質)을 극제할 수 있고 화신(化神)이기 까닭이다.

'화신(化神)을 기뻐한다'는 것은 가령 갑기화토(甲己化土)는 戊己辰戌丑未를 기뻐하고, 정임화목(丁壬化木)은 甲乙寅卯를 좋아한다는 것이다.

화신(化神)의 인수(印綬)와 재(財)와 상관(傷官)이라는 것은,
가령 갑기화토(甲己化土)에서 인수(印綬)는 丙丁巳午이고, 재(財)는 壬癸亥子이며, 상관(傷官)은 庚辛申酉라는 것이다.
정임화목(丁壬化木)의 인수(印綬)는 壬癸亥子이고, 재(財)는 戊己辰戌丑未이며, 상관(傷官)은 丙丁巳午이다.

일원이 화기(化氣)이면 나머지 간지도 모두 화기(化氣)로 논하는 것은 전혀 아니다.

다만 화기(化氣)에도 또한 왕약(旺弱)이 있는데,
왕(旺)한 것은 설기(洩氣)를 기뻐하고 약(弱)한 것은 생부(生扶)를 기뻐한다. 그 희기(喜忌)를 조사하고 용신을 이야기하여야 비로소 참되고 확실하다.
함부로 인수운(印綬運)이 아름답다고 하여서는 아니 되니, 가령 甲戌명조는 즉 寅中丙火를 취용하여 설수(洩秀)한다.

근래에 화기(化氣)를 논한 것을 보았는데,
일원이 화합(化合)하였다고 장차 그 나머지 간지를 모두 화기(化氣)로 논하나, 오해를 면하지 못한 것이다.
특별히 상세하게 서술하였는데, 십간배합(十干配合)의 성정편(性情篇)을 참고하여 살펴보라.

有倒沖成格者, 以四柱無財官而對面以沖之, 要支中字多, 方沖得動, 譬如以弱主邀强賓, 主不衆則賓不從, 如戊午戊午戊午戊午, 是沖子財也, 甲寅庚午丙午甲午, 是沖子官也, 運忌塡實, 餘俱可行.

도충격(倒沖格)이 성격(成格)한 경우가 있다.

사주에 재관(財官)이 없고 충(沖)으로 재관(財官)을 대면(對面)하는 격인데, 응당 지지에 글자가 많아야 비로소 충동(沖動)할 수 있다.

비유하자면, 약한 주인이 강한 손님을 맞이할 때는 주인이 무리를 이루지 않으면 손님이 따르지 않는 것과 같다.

가령 戊午·戊午·戊午·戊午는 재성(財星)인 子水를 충동(沖動)하고,

甲寅·庚午·丙午·甲午는 관성(官星)인 子水를 충동(沖動)한다.

운은 전실(塡實)*을 꺼리고, 나머지는 모두 행할 수 있다.

*전실(塡實): 채워서 가득 차게 하다. 즉 충동(沖動)하여 오는 것이 드러나는 것, 재관운(財官運).

```
戊 戊 戊 戊      甲 丙 庚 甲
午 午 午 午      午 午 午 寅
乙甲癸壬辛庚己   丁丙乙甲癸壬辛
丑子亥戌酉申未   丑子亥戌酉申未
```

왼쪽 명조는 종기화토격(從氣火土格)이고, 오른쪽 명조는 염상격(炎上格)이다.

서락오평주(徐樂吾評註)

戊午명조는 오랫동안 전해온 관성(關聖,관우)의 명조이나,[1]

실은 火土가 편조(偏燥)하니 일생에 금운(金運)이 가장 좋은데 그 왕기(旺氣)를 덜어내는 까닭이다.

목화토운(木火土運)은 왕(旺)함이 극에 이르러서 손상을 초래하고,[2] 수운(水運)은 그 왕세(旺勢)를 거스르고 상호간에 충격(沖激)하는데 어찌 평온할 수 있을 것인가?

1)관우(關羽)의 명조는 戊午, 戊午, 戊午, 戊午이고, 장비(張飛)의 명조는 癸亥, 癸亥, 癸亥, 癸亥라고 전해지는데, 믿을 바는 없다.
2)화토운(火土運)은 그 왕세(旺勢)를 거스르지 않으니 나쁘지 않다.

甲寅명조도 또한 토운(土運)이 좋다.

대체로 종전의 간명(看命)에서는 전적으로 재관(財官)을 중요시하였는데,

이러한 격국은 해석할 방법이 없으니, 이에 억지로 끌어다 붙여서 도충(倒沖)으로 설명한 것이다.

有朝陽成格者, 戊去朝丙, 辛日得官, 以丙戊同祿於巳, 卽以引汲之意, 要干頭無木火, 方成其格, 蓋有火則無待於朝, 有木財觸戊之怒, 而不爲我朝, 如戊辰辛酉辛酉戊子, 張知縣命是也, 運喜土金水, 木運平平, 火則忌矣.

조양격(朝陽格)*이 성격(成格)한 경우가 있다.

  *조양(朝陽): 별을 향하여 감. 육음(六陰)이 극에 이르러 양(陽)이 시작된다는 뜻인데, 자시(子時)를 의미한다. 辛日이 戊子時를 만난 경우.

戊土가 丙火를 향하여 가서 辛日이 관성(官星)을 얻는다는 격인데, 丙火와 戊土는 巳에서 녹(祿)을 공유하고 있으니 즉 巳를 끌어들인다는 뜻이다.

응당 간두에 木火가 없어야 비로소 성격(成格)하는데,
火가 있으면 조양(朝陽)을 기다릴 필요가 없고, 木이 있으면 재성(財星)이 戊土의 노여움을 촉발하니 조양(朝陽)하지 않는다.

가령 戊辰·辛酉·辛酉·戊子라는 장(張) 지현(知縣)의 명조가 이것인데,
토금수운(土金水運)을 기뻐하고, 목운(木運)은 평평하나, 화운(火運)은 꺼린다.

戊 辛 辛 戊
子 酉 酉 辰
戊丁丙乙甲癸壬
辰卯寅丑子亥戌

이 명조는 가상관격(假傷官格)에 子中癸水가 용신이니, 금수목운(金水木運)을 기뻐하고 화토운(火土運)은 꺼린다.

서락오평주(徐樂吾評註)

辛日이 戊子時를 만나고 사주에 관살(官殺)이 나타나지 않으면 육음조양격(六陰朝陽格)이다.

子가 巳를 동(動)하게 하면 巳가 병화관성(丙火官星)을 동하게 하여 용신이 된다는 것인데, 그 설(說)은 당치도 않는 말이다.

어찌하여 겨우 辛日만이 조양(朝陽)하고, 乙日과 丁日과 己日과 癸日은 조양(朝陽)하지 않을 것인가?

辛日중에 辛巳日과 辛未日은 또한 조양(朝陽)하지 않는다.

戊辰명조는 신봉통고(神峯通考)에 나오는데, 옛날의 장(張) 지현(知縣)의 명조이다.

팔자로 논하면 土金이 승왕(乘旺)하니 子水를 취용하여 그 수기(秀氣)를 덜어내는데, 종왕지리(從旺之理)와 서로 같다.

토금수운(土金水運)을 기뻐하고 목화운(木火運)은 꺼리는데, 일방수기절(一方秀氣節)을 참고하여 살펴보라.

有合祿成格者, 命無官星, 借干支以合之, 戊日庚申, 以庚合乙, 因其主而得其偶, 如己未戊辰戊辰庚申, 蜀王命是也, 癸日庚申, 以申合巳, 因其主而得其朋, 如己酉癸未癸未庚申, 趙丞相命是也, 運亦忌塡實, 不利官殺, 更不宜以火剋金, 使彼受制而不能合, 餘則吉矣.

합록격(合祿格)이 성격(成格)한 경우가 있다.
명조에 관성(官星)이 없는데, 간지(干支)가 관성(官星)을 합하는 격이다.

①戊日이 庚申時이면 庚金이 乙木을 합하니, 그것으로 말미암아 배우자(정관)를 얻는다는 것이다.
가령 己未·戊辰·戊辰·庚申이라는 촉왕(蜀王)의 명조가 이것이다.

②癸日이 庚申時이면 申이 巳를 합하니, 그것으로 인하여 친구(정관)를 얻는다는 것이다.
가령 己酉·辛未·癸未·庚申이라는 조(趙) 승상(丞相)의 명조가 이것이다.

운은 또한 전실(塡實)을 꺼리고, 관살운(官殺運)은 불리하다.
더욱 마땅하지 않은 것은 火가 金을 극하는 것인데, 金이 극제를 받아서 합할 수 없기 때문이다.
나머지는 길하다.

```
庚 戊 戊 己        庚 癸 辛 己
申 辰 辰 未        申 未 未 酉
辛壬癸甲乙丙丁    甲乙丙丁戊己庚
酉戌亥子丑寅卯    子丑寅卯辰巳午
```

왼쪽 명조는 식신생재격(食神生財格)에 申中壬水가 용신이고, 오른쪽 명조는 살인상생격(殺印相生格)에 辛金이 용신이다.

서락오평주(徐樂吾評註)

녹(祿)이라는 것은 관성(官星)이다.

庚金이 乙木을 합하는데 乙木이 戊土의 관성(官星)이고, 申이 巳를 합하는데 巳중의 戊土가 癸水의 관성(官星)이다.

戊日에 庚申時이고 사주에 관인(官印)이 없으면 격에 부합한다.

①촉왕(蜀王)의 명조인 己未명조를 살펴보면 土가 강하여 신왕(身旺)하니 설수(洩秀)하는 경금식신(庚金食神)이 용신이다.

관살운(官殺運)은 그 왕신(旺神)을 범하고, 화운(火運)은 식신수기(食神秀氣)를 또한 상한다.

서(書)에서 '庚申時가 戊日을 만나면 식신(食神)이 왕상한 방향인데, 세월(歲月)에서 甲丙卯寅을 범하면 만나도 만난 것이 아니다'라고 말하는데, 이치에 있어서 정확히 부합한다.

②조(趙) 승상(丞相)의 명조인 己酉명조는 癸水가 신약(身弱)하니 마땅히 살인상생(殺印相生)으로 취용한다.

칠살(七殺)이 명백히 투출하였는데, 어찌 암합(暗合)하는 관성(官星)을 취용할 것인가?

이 명조와 척양(戚楊) 지부(知府)의 명조는 같은 종류인데,[1] 모두 마땅히 그 기세(氣勢)에 순응하는 것으로 취용(取用)하여야 한다.

용신전왕절(用神專旺節)을 살펴보라.

1)척양(戚楊) 지부(知府)의 명조는 丁巳, 丁未, 丁卯, 癸卯인데, 목화종기격(木火從氣格)이다.

有棄命從財者, 四柱皆財而身無氣, 捨而從之, 格成大貴, 若透印則身賴印生而不從, 有官殺則亦無從財兼從殺之理, 其格不成, 如庚申乙酉丙申乙丑, 王十萬命是也, 運喜食傷財鄕, 不宜身旺.

有棄命從殺格, 四柱皆殺, 而日主無根, 捨而從之, 格成大貴, 若有食傷, 則殺受制而不從, 有印則印以化殺而不從, 如乙酉乙酉乙酉甲申, 李侍郎命是也, 運喜財官, 不宜身旺, 食傷則尤忌矣.

①기명종재(棄命從財)하는 경우가 있다.
사주가 모두 재(財)이고 일주가 무기(無氣)하면 기명종재(棄命從財)하여 대귀격(大貴格)을 이룬다.

만약 인수(印綬)가 투출하였으면 일주가 인수(印綬)의 생에 의지하니 종(從)하지 않고,
관살(官殺)이 있으면 또한 종재(從財)와 종살(從殺)을 겸하는 이치는 없으니 그 격이 이루어지지 않는다.[1]

[1] 사주가 응당 종재(從財)하여야 하는데 관살(官殺)이 있으면 종살용재격(從殺用財格)이다.

가령 庚申·乙酉·丙申·己丑이라는 왕십만(王十萬)의 명조가 이것이다.
식상운(食傷運)과 재운(財運)을 기뻐하고, 신왕운(身旺運)은 마땅하지 않다.

②기명종살(棄命從殺)하는 경우가 있으니,
사주가 모두 칠살(七殺)이고 일주가 무근(無根)이면 기명종살

(棄命從殺)하여 대귀격(大貴格)을 이룬다.

만약 식상(食傷)이 있으면 칠살(七殺)이 극제를 받으니 종하지 않고, 인수(印綬)가 있으면 인수(印綬)가 칠살(七殺)을 인화하니 종하지 않는다.

가령 乙酉·乙酉·乙酉·甲申이라는 이(李) 시랑(侍郞)의 명조가 이것이다.

재관운(財官運)을 기뻐하고, 신왕운(身旺運)은 마땅하지 않으며, 식상운(食傷運)은 더욱 꺼린다.

```
己 丙 乙 庚         甲 乙 乙 乙
丑 申 酉 申         申 酉 酉 酉
壬辛庚己戊丁丙      戊己庚辛壬癸甲
辰卯寅丑子亥戌      寅卯辰巳午未申
```

왼쪽 명조는 아우생아종재격(兒又生兒從財格)이고, 오른쪽 명조는 종살격(從殺格)이다.

서락오평주(徐樂吾評註)

종재(從財)와 종살(從殺)은 그 이치가 같은데,

기세(氣勢)가 편왕(偏旺)하고 일주가 무근(無根)이면 부득이 그 왕세(旺勢)에 종한다.

①종재격(從財格)에 인수(印綬)가 있으면 반드시 인수(印綬)의 통근여부(通根與否)를 살펴보되, 만약 인수(印綬)가 무근(無根)이면 종하는데 장애가 되지 않는다.

왕십만(王十萬)의 명조는 丙火가 무근(無根)이고 乙木도 또한 무근(無根)인데, 즉 그 예이다.

사주에 재(財)가 많은데, 칠살(七殺)이 나타났으면 종살격(從殺格)으로 논한다.

종재격(從財格)은 비겁운(比刦運)을 가장 꺼리는데,

만약 사주에 식상(食傷)이 있으면 비겁(比刦)을 인화하여 생재(生財)할 수 있으나, 그렇지 않으면 파격(破格)을 면하지 못한다.

관살운(官殺運)이 나타나서 재기(財氣)를 덜어내면 아름답지 않다.[1]

1) 관살운(官殺運)은 기신(忌神)인 비겁(比刦)을 제거하니 좋은 운이다.

②종살격(從殺格)은 생살(生殺)하는 재운(財運)을 기뻐하고, 인수운(印綬運)은 관살지기(官殺之氣)를 덜어내니 아름답지 않다.

비겁운(比刦運)은 마땅하지 않고, 식상운(食傷運)은 제살(制殺)하니 가장 꺼린다.

총괄하건대,

종격(從格)은 그 왕세(旺勢)에 거스르는 것을 가장 꺼린다.

有井欄成格者, 庚金生三七月, 方用此格, 以申子辰沖
寅午戌, 財官印綬, 合而沖之, 若透丙丁有巳午, 以現有
財官而無待於沖, 乃非井欄之格矣, 如戊子庚申庚申庚
辰, 郭統制命也, 運喜財, 不利填實, 餘亦吉也.

정란차격(井欄叉格)이 성격(成格)한 경우가 있다.

庚金이 申辰月에 태어나면 비로소 이 격을 취용하는데, 申子辰
이 寅午戌이라는 재관인(財官印)을 충(沖)으로 합하여 온다는 것
이다.
만약 丙丁이 투출하였거나 巳午가 있으면 재관(財官)이 이미
있으니 충(沖)을 기다리지 않고, 정란차격(井欄叉格)이 아니다.

가령 戊子 · 庚申 · 庚申 · 庚辰이라는 곽(郭) 통제(統制)의 명조
인데,
재운(財運)을 기뻐하고, 전실운(塡實運)은 불리하며, 나머지는
모두 길하다.

庚 庚 庚 戊
辰 申 申 子
丁丙乙甲癸壬辛
卯寅丑子亥戌酉
이 명조는 가상관격(假傷官格)에 子中癸水가 용신이다.

서락오평주(徐樂吾評註)
정란차격(井欄叉格)은 庚子, 庚申, 庚辰이라는 3일에 申子辰이 전

부 있어야 한다.

희기편(喜忌篇)에서 '庚日이 윤하(潤下)를 전부 만나면 壬癸巳午의 방향을 꺼리고, 시(時)에서 子申을 만나면 그 복이 감반(減半)한다'라고 말하는데,[1]

실은 금수상관격(金水傷官格)이다.

[1] 丙子時와 甲申時를 만나면 재관(財官)이 전실(塡實)하니 복이 감반(減半)한다는 뜻이다.

년상(年上)의 戊土가 무근(無根)이니 고로 상관(傷官)이 용신인데, 다만 기세(氣勢)가 순수(純粹)할 뿐이다.

가장 기쁜 것은 동방(東方)의 재지(財地)이고, 다음으로는 북방(北方)인데 또한 아름다우며, 가장 꺼리는 것은 관인운(官印運)이다.

관살운(官殺運)은 일주를 극하고 인수운(印綬運)은 식상(食傷)을 극하니 모두 그 왕세(旺勢)에 거스르는데, 소위 '사오지방(巳午之方)'이다.

시(時)에서 子를 만나면 丙子時인데 관성(官星)이 투출하고, 申을 만나면 귀록(歸祿)이니, 고로 '그 복이 감반(減半)한다'라고 말한다.

有刑合成格者, 癸日甲寅時, 寅刑巳而得財官, 格與合祿相似, 但合祿則喜以合之, 而刑合則硬以致之也, 命有庚申, 則木被沖剋而不能刑, 有戊己字, 則現透官殺而無待於刑, 非此格矣, 如乙未癸卯癸卯甲寅, 十二節度使命是也, 運忌塡實, 不利金鄕, 餘則吉矣.

형합격(刑合格)이 성격(成格)한 경우가 있다.

癸日이 甲寅時이면 寅이 巳를 형(刑)하여 재관(財官)을 얻는다는 것인데, 격은 합록격(合祿格)과 서로 비슷하다.
다만 합록격(合祿格)은 기쁘게 합하여 오나, 형합격(刑合格)은 억지로 끌어당기는 것이다.

명조에 庚申이 있으면 木이 충극(沖剋)을 당하니 형합(刑合)할 수 없고, 戊己가 있으면 관살(官殺)이 투출하여 형합(刑合)을 기다리지 않으니 이 격이 아니다.

가령 乙未·癸卯·癸卯·甲寅이라는 십이절도사(十二節度使)의 명조가 이것이다.
전실운(塡實運)을 꺼리고, 금운(金運)은 불리하며, 나머지는 길하다.

甲	癸	癸	乙		甲	癸	己	乙
寅	卯	卯	未		寅	卯	卯	未
丙丁戊己庚辛壬					壬癸甲乙丙丁戊			
申酉戌亥子丑寅					申酉戌亥子丑寅			

이 명조는 종아격(從兒格)이다. 참고로 乙未年의 卯月은 己卯月이니 잘못된 명조이다.

서락오평주(徐樂吾評註)

형합격(刑合格)은 癸亥, 癸卯, 癸酉라는 3일이 甲寅時를 만난 것이다.

희기편(喜忌篇)에서 '癸日이 甲寅時를 만나면 세월(歲月)에서 戊己를 만나는 것을 꺼린다'라고 말하는데,
사주에 반드시 관살(官殺)이 없어야 하는 까닭이다.

이 격과 비천녹마(飛天祿馬)와 합록(合祿)과 정란차(井欄叉)는 모두 상관격(傷官格)에서 갈라져 나온 것인데,
원국(原局)에 재관(財官)이 없으니 도충(倒沖)이나 형합(刑合)이라는 명사를 사용하여 풀이한 것이다.

가령 위의 명조는 적천수(滴天髓)중의 순국(順局)이고 종아격(從兒格)인데, 종아(從兒)라는 것은 식상(食傷)에 종(從)한다는 것이다.
재운(財運)이 아름답고, 금운(金運)은 크게 꺼리는데 식상(食傷)을 극제하는 까닭이며, 관운(官運)도 또한 꺼린다.

소위 '전실(塡實)'이라는 것은 재(財)를 설기(洩氣)하고 일원(日元)을 손상한다는 것인데,
모두 그 이치에 밝지 못한 까닭으로 인하여 왜곡된 학설일 뿐이다.

有遙合成格者, 巳與丑會, 本同一局, 丑多則會巳而辛
丑得官, 亦合祿之意也, 如辛丑辛丑辛丑庚寅, 章統制命
是也, 若命中有子字, 則丑與子合而不遙, 有丙丁戊己,
則辛癸之官殺已透, 而無待於遙, 另有取用, 非此格矣.
至於甲子遙巳, 輾轉求合, 似覺無情, 此格可廢, 因羅
御史命, 聊復存之, 爲甲申甲戌甲子甲子, 羅御史命是也.

요합격(遙合格)이 성격(成格)한 경우가 있다.

①巳와 丑은 회합(會合)하고 본디 동일한 국(局)이니,
丑이 많으면 巳를 회합(會合)하여 辛丑이 관성(官星)을 얻는다
는 것인데, 역시 합록(合祿)한다는 뜻이다.
가령 辛丑·辛丑·辛丑·庚寅이라는 장(章) 통제(統制)의 명조
가 이것이다. 축요사격(丑遙巳格)

만약 명조에 子가 있으면 丑이 子와 합하여 巳를 요합(遙合)하
지 않고, 丙丁戊己가 있으면 辛日과 癸日의 관살(官殺)이 이미
투출하여 요합(遙合)을 기다리지 않으니, 달리 취용(取用)하고
이 격이 아니다.

②'甲子가 巳를 요합(遙合)한다'는 것은 여러 군데를 거치면서
합(合)을 구한 것이니 무정(無情)한 것 같다. 자요사격(子遙巳格)
이 격은 폐기할 수 있으나, 나(羅) 어사(御史)의 명조로 인하
여 부족하나마 보존한다.
甲申·甲戌·甲子·甲子라는 나(羅) 어사(御史)의 명조가 이것
이다.

```
庚 辛 辛 辛          甲 甲 甲 甲
寅 丑 丑 丑          子 子 戌 申
甲乙丙丁戊己庚       辛庚己戊丁丙乙
午未申酉戌亥子       巳辰卯寅丑子亥
```

왼쪽 명조는 재인불애격(財印不碍格)에 寅中甲木이 용신이고, 오른쪽 명조는 재자약살격(財滋弱殺格)에 戌中戊土가 용신이다.

서락오평주(徐樂吾評註)

요합(遙合)에는 두 가지가 있는데, 축요사격(丑遙巳格)과 자요사격(子遙巳格)이 이것이다.

①축요사격(丑遙巳格)은 辛丑日과 癸丑日에 丑이 많은 것을 위주로 하는데,

丑중의 辛金과 癸水가 巳중의 丙火와 戊土를 요합(遙合)하여 관성(官星)으로 삼는다는 것이다.

원국(原局)에 申酉가 있어야 기쁜데 巳를 합주(合住)하는 까닭이고, 子가 있으면 끼리는데 丑을 반주(絆住)히는 끼닭이며, 이울러 巳를 꺼리는데 전실(塡實)이기 때문이다.

그러나,

가령 장(章) 통제(統制)의 명조인 辛丑명조는 寅중의 목화재관(木火財官)을 가용(可用)하는데, 어찌 요합(遙合)을 기다릴 것인가?

고가(古歌)에서 '辛日과 癸日이 丑을 많이 만나면 이름하여 요사(遙巳)인데 관성(官星)을 합한다. 관성(官星)이 왕한 것을 나쁘다고 말하지 말아야 하는데, 관성(官星)이 오면 크게 성공이 있다는 것을 누가 믿을 것인가?'라고 말하였으니,

재관(財官)이 나타나면 기뻐한다는 것은 명백하다.

②자요사격(子遙巳格)은 甲子日이 甲子時이면 子중의 癸水가 巳중의 戊土를 요합(遙合)하고, 戊土가 丙火를 움직여서 丙火가 辛金을 합하는데 辛金이 甲木의 관성(官星)이라는 것이다.

여러 군데를 옮겨가면서 합(合)을 구한 것이니, 더욱 이치가 없다.

나(羅) 어사(御史)의 명조인 甲申명조는 월령의 잡기편재(雜氣偏財)를 가용(可用)하는데,

어찌 왜곡된 학설에 의지할 것인가? 실은 이치가 없고 소란할 뿐이다.

若夫拱祿, 拱貴, 趨乾, 歸祿, 夾戌, 鼠貴, 騎龍, 日貴, 日德, 福祿, 魁罡, 食神時墓, 兩干不雜, 干支一氣, 五行俱足之類, 一切無理之格, 概置勿取, 卽古人格內, 亦有成式, 總之意爲牽就, 硬塡入格, 百無一似, 徒誤後學而已.

乃若天地雙飛, 雖富貴亦自有格, 不全賴此, 而亦能增重其格, 卽用神不甚有用, 偶有依以爲用, 亦成美格, 然而有用神不吉, 卽以爲凶, 不可執也.

가령 공록(拱祿), 공귀(拱貴), 육임추건(六壬趨乾), 귀록(歸祿), 협술(夾戌), 서귀(鼠貴), 임기용배(壬騎龍背), 일귀(日貴), 일덕(日德), 복록(福祿), 괴강(魁罡), 식신시묘(食神時墓), 양간부잡(兩干不雜), 간지일기(干支一氣), 오행구족(五行俱足)등의 종류는 일체 이치가 없는 격이니, 모두 버리고 취하지 않는다.

설령 고인(古人)의 격(格)내에 또한 식(式)이 이루어진 것이 있다고 할지라도,

총괄하건대,

뜻이 억지스럽고 억지로 격에 채운 것이니, 백에 하나도 그와 같은 것이 없고 헛되이 후학을 그릇되게 할 뿐이다.

또한 천지쌍비(天地雙飛)는 비록 부귀(富貴)하는 경우가 또한 있다고 할지라도, 이것에 전적으로 의지하지는 않고 역시 그 격을 가중(加重)할 수 있을 뿐이다.

가령 용신이 크게 유용(有用)하지는 않는데도 우연히 천지쌍비(天地雙飛)에 의지하여 미격(美格)을 이룬 경우가 또한 있다고 할지라도, 그러나 용신이 불길하면 곧 흉(凶)하니 고집하여서는 아니 된다.

서락오평주(徐樂吾評註)

이러한 종류의 격국은 사주(四柱)가 청순(淸純)하고 용신(用神)이 길(吉)하면 격(格)외에 아름다움을 더하는 것에 불과할 뿐이다.

이와 같을 뿐이고, 그것이 용신(격국)이 되는 것은 아니다.

其於傷官傷盡, 謂是傷盡, 不宜見官, 必盡力以傷之, 使之無地容身, 更行傷運, 便能富貴, 不知官有何罪, 而惡之如此, 況見官而傷, 則以官非美物, 而傷以制之.

又何傷官之謂凶神, 而見官之爲禍百端乎, 予用是術以歷試, 但有貧賤, 並無富貴, 未輕信也, 近亦見有大貴者, 不知何故, 然要之極賤者多, 不得不觀其人物以衡之.

<u>상관상진(傷官傷盡)</u>에서 상진(傷盡)이라고 말하는 것은 '관성(官星)이 나타나면 마땅하지 않으니 반드시 온힘을 다해 관성(官星)을 상(傷)하여 관성(官星)으로 하여금 몸을 숨길 곳이 없게 하여야 한다'는 것인데,

재차 상관운(傷官運)으로 행하면 곧 부귀(富貴)할 수 있다고 한다.

부지(不知)로되, 관성(官星)에 무슨 죄가 있어서 이와 같이 관성(官星)을 미워할 것인가?

하물며 '관성(官星)이 나타났으나 상(傷)한다'는 것은 관성(官星)은 미물(美物)이 아니니 상관(傷官)으로 극제하여야 한다는 것이다.

또한 어찌 상관(傷官)은 흉신(凶神)이라고 말하는데도 관성(官星)이 나타나야 재앙이 백 가지로 일어날 것인가?

내가 상관상진(傷官傷盡)이라는 것을 누차 시험하여 보았는데, 다만 빈천(貧賤)한 경우만 있었고 부귀(富貴)하는 경우는 전혀 없었으니 경솔하게 믿어서는 아니 된다.

근래에 또한 대귀(大貴)한 경우를 본 적이 있는데,[1] 그 까닭을 알지 못한다.

그러나 요컨대 극히 천(賤)한 자가 많으니, 부득이 그 인물됨을 살펴보아서 헤아려야 한다.

1) 종아격(從兒格)도 대귀(大貴)할 수 있다. 종아격(從兒格)이면 관성(官星)이 나타나는 것은 마땅하지 않다.

서락오평주(徐樂吾評註)

'용상관(用傷官)하면 관성(官星)이 나타남을 꺼린다'는 것은 용관(用官)하면 상관(傷官)을 꺼리고 용인(用印)하면 재(財)를 꺼리며 용재(用財)하면 비겁(比刦)을 꺼리는 것과 같다.

어떠한 격에 희기(喜忌)가 없을 것인가? 어찌 상관격(傷官格)에만 희기(喜忌)가 있을 것인가?

하물며 관성(官星)이 나타남을 기뻐하는 경우가 있고, 나타남을 기뻐하지 않는 경우가 있다.

격국(格局)에는 해석할 수 없는 것들이 매우 많은데,

우리들의 학식이 부족하여 오묘(奧妙)한 이치를 아직 궁구하지 못하였으면 아는 것은 안다고 하고 모르는 것은 모른다고 하되, 그릇되게 숨기거나 꾸밀 필요는 없다.

잡격(雜格)의 취운(取運)을 부론(附論)함

잡격(雜格)은 한결같지 않은데, 대체로 기세(氣勢)가 편왕(偏旺)하고 오행의 상리(常理)를 벗어난 것들이다.

옛 사람들은 간명(看命)하되,
재관지설(財官之設)에 구애되어 사주에 취할만한 재관(財官)이 없으면 요합(遙合)이나 도충(倒沖)을 억지로 끌어들여서 재관(財官)에 부합시키고자 하였는데, 가소로움을 면하지 못한다.

명리는 오행(五行)을 벗어나지 않는다.
기세(氣勢)가 비록 편왕(偏旺)에 속한다고 할지라도 편왕(偏旺)한 가운데에도 취할만한 정리(正理)가 여전히 있는데, 적천수(滴天髓)를 자세히 살펴보라.

편왕(偏旺)한 격국에서의 취운(取運)은 대체로 반드시 그 기세(氣勢)에 순응하여야 한다.
비록 간지(干支)의 희기(喜忌)는 반드시 사주의 배합(配合)을 살펴보아야 한다고 할지라도, 그 기세(氣勢)에 순응하여 취운(取運)하는 것이 대체적이다.
이에 본편(本篇)에서 인용한 각각의 명조를 가지고서 간략하게 취운(取運)을 이야기한다.

곡직인수격(曲直仁壽格)

```
壬 乙 乙 癸
午 未 卯 亥
戊己庚辛壬癸甲
申酉戌亥子丑寅
```

甲乙일주가 지지에 亥卯未 혹은 寅卯辰이 전부 있으면 곡직인수격(曲直仁壽格)이다.
　기세(氣勢)가 木에 편왕(偏旺)하니 마땅히 수목화운(水木火運)으로 행하여야 하고, 관살운(官殺運)은 가장 꺼리며, 재운(財運)도 또한 마땅하지 않다.
　丙丁일주가 지지에 寅午戌 혹은 巳午未가 전부 있으면 염상격(炎上格)이고,
　戊己일주가 지지에 辰戌丑未가 전부 있으면 가색격(稼穡格)이며,
　庚辛일주가 지지에 巳酉丑 혹은 申酉戌이 전부 있으면 종혁격(從革格)이고,
　壬癸일주가 지지에 申子辰이나 혹은 亥子丑이 전부 있으면 윤하격(潤下格)인데, 다섯 종류의 의의(意義)는 서로 같다.
　이 명조는 식신생재격(食神生財格)에 未中己土가 용신이니, 화토금운(火土金運)이 길하고 수목운(水木運)은 불리하다.

화기격(化氣格)

```
甲 壬 丁 甲
辰 寅 卯 戌
甲癸壬辛庚己戊
戌酉申未午巳辰
```

 정임화목(丁壬化木)이 춘월(春月)에 생하고 시(時)에 甲辰을 만나 木의 원신(元神)이 투출하였으니 화기격(化氣格)인데, 기세(氣勢)가 木에 편왕(偏旺)하다.
 화신(化神)은 왕지(旺地)로 행하는 것을 기뻐하니, 가장 마땅한 것은 비겁지향(比刦之鄕)인 동방(東方)의 寅卯辰이고, 관살운(官殺運)은 꺼린다.
 일주의 환원지지(還原之地)도 또한 꺼리나, 그 중에는 조금 차이가 있다.
 가령 정임화목(丁壬化木)에 일원이 壬水인데 인수지지(印綬之地)인 亥子丑으로 행하면 화신(化神)을 생기(生起)하니 역시 길하나,
 만약 갑기화토(甲己化土)에 일원이 甲木인데 寅卯辰으로 행하면 화신(化神)을 극하니 크게 꺼린다.
 화기격(化氣格)에는 갑기화토(甲己化土), 을경화금(乙庚化金), 병신화수(丙辛化水), 정임화목(丁壬化木), 무계화화(戊癸化火)라는 다섯 종류가 있는데, 의의(意義)는 대략 같다.
 이 명조는 화격(化格)에 화신유여(化神有餘)이니, 목화운(木火運)이 길하고 토금운(土金運)은 불리하며 수운(水運)은 평탄하다.

도충격(倒沖格)

```
戊 戊 戊 戊
午 午 午 午
乙甲癸壬辛庚己
丑子亥戌酉申未
```

양신성상(兩神成象)인데, 기세(氣勢)가 火土에 편왕(偏旺)하니 종왕격(從旺格)이다.

금운(金運)이 가장 마땅한데, 토기(土氣)를 덜어내는 까닭이다.

다만 화염토조(火炎土燥)하여 결국은 꺼리게도 편고(偏枯)하니, 마땅히 대수지토(帶水之土)*로 호위하여야 한다. 가령 庚辰 辛丑 등의 운이 가장 아름답다.

만약 수운(水運)이 나타나면 한 잔의 물로 수레에 가득한 땔나무에 붙은 불을 끄는 것과 같으니, 재앙이 바로 나타난다.

소위 '도충(倒沖)은 전실(塡實)을 가장 꺼린다'는 것인데, 즉 이러한 뜻이다.

목운(木運)은 土의 성질을 거스르고 火의 뜨거움을 더하니 역시 마땅하지 않다.

*대수지토(帶水之土): 水를 가지고 있는 土, 丑辰.

이 명조는 종기화토격(從氣火土格)이니,
화토운(火土運)이 길하고 수목운(水木運)은 불리하며 금운(金運)은 평탄하다.

甲　丙　庚　甲
午　午　午　寅
丁丙乙甲癸壬辛
丑子亥戌酉申未

　庚金은 무근(無根)이니 버리고 논하지 않으며, 기(氣)가 木火에 치우쳤으니 염상격(炎上格)을 이루었다.
　가장 마땅한 것은 토운(土運)인데, 화기(火氣)를 덜어내는 까닭이다. 전의 곡직인수격(曲直仁壽格)에서 이야기하였다.
　이상의 두 명조는 모두 소위 '도충격(倒沖格)'이다.
　이 명조는 염상격(炎上格)이다.

조양격(朝陽格)

```
戊 辛 辛 戊
子 酉 酉 辰
戊丁丙乙甲癸壬
辰卯寅丑子亥戌
```

　이것은 금수상관(金水傷官)인데, 원국(原局)에 관성(官星)이 없다.
　기세(氣勢)가 金水에 치우쳐서 그 성질에 순응하여야 하니 토금수운(土金水運)으로 행하면 아름답고, 화운(火運)은 꺼린다.
　水를 대동한 목운(木運)은 행할 수 있으나, 火를 대동한 목운(木運)은 마땅하지 않다.
　이것은 소위 '조양격(朝陽格)'이다.
　이 명조는 가상관격(假傷官格)에 子中癸水가 용신이니, 금수목운(金水木運)이 길하고 화토운(火土運)은 흉하다.

庚 戊 戊 己
申 辰 辰 未
辛壬癸甲乙丙丁
酉戌亥子丑寅卯

이것은 토금식신격(土金食神格)이다.

비겁(比刦)이 중중(重重)하고 기세(氣勢)가 土金에 치우쳤으니 금운(金運)으로 土를 설수(洩秀)하는 것이 가장 길하고, 수운(水運)도 또한 아름답다.

화운(火運)은 꺼리고, 목운(木運)도 또한 좋지 않은데 소위 '土가 왕성하면 木이 부러진다'는 것이다.

항간에서는 '庚金이 합한 乙木이 관성(官星)이고 이름하여 합록격(合祿格)이다'라고 하면서,

또한 '응당 관성(官星)이 나타나서는 아니 되고 재(財)의 생은 기뻐한다'라고 하는데, 취운(取運)은 대략 같다.

이 명조는 식신생재격(食神生財格)에 申中壬水가 용신이니, 금수목운(金水木運)이 길하고 화토운(火土運)은 흉하다.

합록격(合祿格)

```
庚 癸 辛 己
申 未 未 酉
甲乙丙丁戊己庚
子丑寅卯辰巳午
```

항간에서는 또한 이름하여 합록격(合祿格)이라고 하는데, 申이 합한 巳중의 戊土가 관성(官星)이다.

월령이 편관(偏官)이고 년상(年上)에서 투출하였는데, 칠살(七殺)을 인화하는 시상(時上)의 경금인수(庚金印綬)가 용신이다.

격국(格局)이 바르고 청(淸)한데, 어찌 아름답지 않은가?

만약 巳중의 무토관성(戊土官星)을 취용한다면 어찌 관살혼잡(官殺混雜)이 아닐 것인가?

이 명조는 살인상생격(殺印相生格)에 辛金이 용신이다.

종재격(從財格)

```
己 丙 乙 庚
丑 申 酉 申
壬辛庚己戊丁丙
辰卯寅丑子亥戌
```

乙木이 庚金을 좇아 화(化)하였으니 인수(印綬)로 논하지 않는다.

丙火가 申에 임하여 병지(病地)를 깔고 앉았고 사주가 무근(無根)인데, 시상(時上)의 己丑이 또한 생금(生金)하여 기세(氣勢)가 金에 편왕(偏旺)하니 기명종재격(棄命從財格)이다.

운은 마땅히 토금수(土金水)로 행하여야 한다.

남방(南方)의 화운(火運)을 가장 꺼리고, 목운(木運)도 또한 불리하다.

이 명조는 아우생아종재격(兒又生兒從財格)이다.

종살격(從殺格)

```
甲 乙 乙 乙
申 酉 酉 酉
戊己庚辛壬癸甲
寅卯辰巳午未申
```

乙木이 무근(無根)이고 기세(氣勢)가 金에 치우쳤으니 기명종살격(棄命從殺格)이다.

금운(金運)이 가장 아름답고 수토운(水土運)도 또한 길하나,

목운(木運)은 乙木이 뿌리를 만나고 화운(火運)은 그 왕세(旺勢)에 거스르니 모두 마땅하지 않은데, 위의 종재격(從財格)과 대략 서로 같다.

이 명조는 가종살격(假從殺格)이니, 토금운(土金運)이 길하고 수목화운(水木火運)은 흉하다.

정란차격(井欄叉格)

```
庚 庚 庚 戊
辰 申 申 子
丁丙乙甲癸壬辛
卯寅丑子亥戌酉
```

　이것은 항간에서 말하는 소위 '정란차격(井欄叉格)'인데,
　庚金이 승왕(乘旺)하고 설수(洩秀)하며 지지에 신자진수국(申子辰水局)이 전부 있어서 기세(氣勢)가 金水에 치우쳤으니, 마땅히 그 기세(氣勢)에 순응하여 취운(取運)하여야 한다.
　토금수운(土金水運)은 모두 아름답고 목운(木運)도 또한 가능하나, 화운(火運)은 그 왕세(旺勢)에 거스르니 불리하다.
　이 명조는 가상관격(假傷官格)에 子中癸水가 용신이니, 금수목운(金水木運)이 길하고 화토운(火土運)은 불리하다.

요합격(遙合格), 축요사격(丑遙巳格)

```
庚 辛 辛 辛
寅 丑 丑 丑
甲乙丙丁戊己庚
午未申酉戌亥子
```

이것은 항간에서 말하는 소위 '축요사격(丑遙巳格)'이다.

토금(土金)이 성국(成局)하고 丑月에 생하였는데, 시상(時上)의 寅木은 무기(無氣)하니 용신이 될 수 없다.

세상(勢象)이 토금(土金)에 치우쳤으니 토금수운(土金水運)이 마땅하고, 목화운(木火運)은 그 왕세(旺勢)에 거스르니 마땅하지 않다.

축요사격(丑遙巳格)과 취운(取運)이 서로 같다.

이 명조는 재인불애격(財印不碍格)에 寅中甲木이 용신이니,

수목운(水木運)과 천간의 화운(火運)이 길하고 토금운(土金運)은 흉하다.

형합격(刑合格)

```
甲 癸 癸 乙        甲 癸 己 乙
寅 卯 卯 未        寅 卯 卯 未
丙丁戊己庚辛壬     壬癸甲乙丙丁戊
申酉戌亥子丑寅     申酉戌亥子丑寅
```

희기편(喜忌篇)에서는 '癸日이 甲寅時를 만나면 세월(歲月)에서 戊己를 만나는 것을 꺼린다'라고 말한다.

寅이 巳중의 戊土를 형출(刑出)한다는 격인데, 실은 종아격(從兒格)이다.

기세(氣勢)가 木에 치우쳤으니 목화운(木火運)이 가장 기쁘다.

다른 종격(從格)은 비겁(比刦)이 나타남을 꺼리나, 종아(從兒)는 식상(食傷)의 인화가 있으니 비겁(比刦)을 꺼리지 않는데, 이것이 다른 점이다.

관살운(官殺運)은 크게 꺼리고, 인수운(印綬運)도 또한 꺼린다.

이 명조는 종아격(從兒格)이니, 수목화운(水木火運)이 길하고 토금운(土金運)은 흉하다.

참고로 왼쪽의 명조는 잘못된 명조이니 오른쪽의 명조로 바꾸었다.

자요사격(子遙巳格), 또한 요합격(遙合格)

甲 甲 甲 甲
子 子 戌 申
辛庚己戊丁丙乙
巳辰卯寅丑子亥

희기편(喜忌篇)에서는 '甲子日이 다시 甲子時를 만나면 庚辛 申酉 丑午를 꺼린다'라고 말하는데,

子가 巳를 요합(遙合)한다는 격이다.

실은 월령이 편재(偏財)이니 용재(用財)하여 손인(損印)하는데, 무슨 필요가 있어서 격국을 달리 취할 것인가?

戌에 암장한 丁火가 재성(財星)을 생기(生起)하는데, 운에서 청투(淸透)하였으니 아름답다.

庚辛 申酉運은 관살(官殺)이 인수(印綬)를 생하니 꺼리고, 午運은 子를 충(沖)하고 丑運은 戌을 형(刑)하니 모두 꺼린다.

이 명조는 재자약살격(財滋弱殺格)에 戌中戊土가 용신이니, 화토운(火土運)과 천간의 금운(金運)이 길하고 수목운(水木運)은 흉하다.

발문(跋文)

격국(格局)에는 정격(正格)이 있고 변격(變格)이 있는데,
정격(正格)이라는 것은 오행의 일반적인 법도를 논한 격국이고,
변격(變格)이라는 것은 오행이 한쪽으로 치우친 것을 논한 격국이다.
그러나 천변만화(千變萬化)한다고 할지라도 그 근본을 벗어나지 않는 것은 오행지리(五行之理)가 이것이다.

자평진전(子平眞詮)은 그 상궤(常軌)를 밝힌 것이고, 적천수(滴天髓)는 그 변격(變格)을 밝힌 것이다.

상궤(常軌)를 밝히는 것은 본디 전적으로 월령(月令)을 중요시하니,
그 격국은 재격(財格)과 정관격(正官格)과 식신격(食神格)과 인수격(印綬格)과 칠살격(七殺格)과 상관격(傷官格)과 양인격(陽刃格)과 건록격(建祿格)이고,
그 취용(取用)은 일주(日主)를 억부(抑扶)하거나 월령지신(月令之神)을 억부(抑扶)하거나 아울러 병약(病藥)으로 취용한다.

변격(變格)을 밝히는 것은 본디 기세(氣勢)를 중요시하니,
그 격국은 일행득기(一行得氣)와 양신성상(兩神成象)과 진가종화(眞假從化)와 종기왕신(從其旺神)과 아울러 순국(順局)과 반국(反局)이고,
그 취용지법(取用之法)은 인기성정(引其性情)*과 순기기세(順其氣勢)*와 조후(調候)와 통관(通關)이며 월령(月令)에 한(限)하지 않는다.

*인기성정(引其性情): 그 성정(性情)을 이끌어 냄. *순기기세(順其氣勢): 그 기세(氣勢)에 순응함.

적천수(滴天髓)는 팔격(八格)의 일반적인 법도는 생략하여 이야기하지 아니 하고,
겨우 관살혼잡(官殺混雜)과 상관견관(傷官見官)이라는 두 구절만을 들었는데 상궤(常軌)중의 변격(變格)이다.

자평진전(子平眞詮)은 외격(外格)의 취사(取捨)는 생략하여 이야기하지 아니 하고, 하나의 격만 조금 구비하였는데 주지(主旨)가 있는 곳은 아니다.

두 책에서의 격국의 고저(高低)는,
자평진전(子平眞詮)은 유력(有力) · 무력(無力)과 유정(有情) · 무정(無情)이고, 적천수(滴天髓)는 청(淸) · 탁(濁)과 진신(眞神) · 가신(假神)인데, 이름은 비록 다르다고 할지라도 뜻은 같다.
두 책의 법도(法度)는 실상(實相)이 서로 이어져 있으니,
자평진전(子平眞詮)을 읽은 후에 다시 적천수(滴天髓)를 읽으면서 순서대로 점차 나아가면 어긋날 염려가 없다.

또한 종래에 전하여지는 기격(奇格)과 이국(異局)은 이치로 해석할 수 없는 것들이 있는데,
이 두 책을 읽으면 명백히 드러나는 논리가 있고, 가히 의거(依據)할 수 있으니 자연히 눈이 어지럽지 않게 되고 주장하는 바가 없지 않게 된다.

맹자(孟子)께서는 '걸음쇠와 자가 아니면 방원(方圓)을 만들 수 없다'고 말씀하시고, 또한 '사람들로 하여금 걸음쇠와 자를 사용하

게 할 수는 있으나, 사람들로 하여금 기술이 좋아지게 할 수는 없다'라고 말씀하셨는데,

자평진전(子平眞詮)은 명리(命理)에 있어서의 걸음쇠와 자이고, 적천수(滴天髓)는 사람들로 하여금 기술이 좋아지게 하는 것이다.

지난해에 적천수징의(滴天髓徵義)를 이미 간행하였으나 독자들이 어려워서 괴로워하니, 다시 자평진전(子平眞詮)에 몰두하여 평주(評註)를 더하고 입문기례(入門起例)를 아울러 덧붙여서, 공부하고자 하는 뜻이 있는 사람들로 하여금 계통대로 밟게 하여 입문(入門)을 거쳐 학문의 경지가 깊어지게 하였다.

이에 평주(評註)의 인쇄에 이르러서 특별히 그 대강을 기록한다.

민국(民國) 25년 丙子年 윤(閏) 3月 巳日에 동해(東海)의 서락오(徐樂吾)가 해상(海上)에서 발문(跋文)을 적는다.

제대로 보는 **子平眞詮 下券**

발 행 인 임정환
발 행 처 원재역학연구원
신고번호 제 320-2006-77호
신고일자 2006. 10. 31

주   소 서울시 관악구 봉천동 869-10 센추리빌딩 1509호
전   화 02-877-9194
인   쇄 다연기획

정   가 1권당 30,000원
* 저자와의 협의에 의해 인지를 붙이지 않습니다.

ISBN 978-89-92896-01-6-94150
ISBN 978-89-959019-9-1-94150(전2권)